KB060638

한권 한달 완성
일본어 말하기 Lv. 3

최유리·시원스쿨어학연구소 지음

S 시원스쿨닷컴

한권 한달 완성
일본어 말하기 Lv. 3

초판 1쇄 발행 2024년 2월 28일
초판 2쇄 발행 2024년 5월 2일

지은이 최유리·시원스쿨어학연구소
펴낸곳 (주)에스제이더블유인터내셔널
펴낸이 양홍걸 이시원

홈페이지 japan.siwonschool.com
주소 서울시 영등포구 영신로 166 시원스쿨
교재 구입 문의 02)2014-8151
고객센터 02)6409-0878

ISBN 979-11-6150-822-1 13730
Number 1-310101-18051899-08

이 책은 저작권법에 따라 보호받는 저작물이므로 무단복제와 무단전재를 금합니다. 이 책 내용의 전부 또는 일부를 이용하려면 반드시 저작권자와 ㈜에스제이더블유인터내셔널의 서면 동의를 받아야 합니다.

일본어와의 바람직한 첫만남–한권 한달 완성 일본어 말하기 시리즈

'한권 한달 완성 일본어 말하기 시리즈'는 다년간 사회 각계각층의 수강생을 대상으로 강의를 하며, 현장에서 느낀 학습자의 고충 해결과 시장의 니즈를 담아낸 일본어 입문서입니다. 일본어 강사 입장에서 가장 안타까운 것은 한국어와 닮은 점이 많아 우리에게 친숙한 일본어에 매력을 느끼지 못하고 입문 단계에서 포기해 버리는 학습자들이 많다는 것이었습니다. 이렇듯 상당수의 일본어 학습자들이 일본어 입문서의 마지막 장을 만나지 못하는 것에는 아래와 같은 두 가지의 큰 이유가 있다고 판단했습니다.

히라가나, 몰라도 된다!

먼저, 문자에 대한 부담감입니다. 많은 학습자들은 히라가나, 가타카나, 한자까지 모두 세 가지 문자를 사용하는 일본어가 그 시작부터 숨이 막힐 지경이라고 하소연합니다. 그래서 '한권 한달 완성 일본어 말하기 시리즈'는 일본어 문자와 친해지는 쿠션 시간을 만들었습니다. '히라가나조차 몰라도 일본어 문장을 말할 수 있게 하자', '말하다 보면 자연스럽게 문자와 친해지는 구조를 만들자'라는 것이 첫 번째 목표였고, 이미 수많은 학습자가 이 놀라운 효과를 경험하고 있습니다.

문법보다 말로 배운다!

그 다음, 문법만 공부하는 입문서는 더 이상 일본어 학습자들의 니즈를 충족시키지 못하고 있습니다. 문법적으로는 이해하지만, 막상 현장에서 어떻게 문장으로 만들어야 하는지 알려주지 않는 교재가 대부분입니다. 이러한 교재는 의욕을 상실하게 만들고, 결국 포기하게 만들어 버립니다. 이에 대한 해결책으로 최대한 많은 예문을 통해 문법을 자연스럽게 익히게 하는 학습서를 만드는 것이 두 번째 목표였습니다. 그러기 위해서는 대부분의 교재가 따르고 있는 일반적인 커리큘럼으로는 어렵다고 판단하였습니다. 그래서 오랜 시간 연구와 베타테스트를 통해 세상에 없던 완전히 새로운 커리큘럼을 도입하였고, 결과는 대성공이었습니다. 이제 수많은 학습자가 이 책을 통해 딱딱한 문법이 아닌, 다양한 예문을 통해 일본어를 알아가고 있습니다.

이렇듯 '한권 한달 완성 일본어 말하기 시리즈'는 일본어 입문자의 입장에서 생각하고 연구했으며, 이를 통해 더 많은 일본어 입문자가 일본어에 재미를 느끼기를 기대합니다.

지금 손에 들고 계신 '한권 한달 완성 일본어 말하기 시리즈'로 세상에서 가장 쉬운 일본어를 경험해 보세요. 저, 최유리와 시원스쿨 일본어가 함께 응원하겠습니다.

2024년
저자 최유리

목 차

이 책의 구성

미리보기

오늘 배울 학습 목표와 학습 내용을 제시하고 본문에 등장하는 단어를 미리 살펴볼 수 있도록 정리하였습니다.

살펴보기

본문에서 사용하는 주요 문장 패턴을 예문과 함께 직관적이고 간단 명료하게 제시해 놓았습니다. 또한 패턴을 도식화하여 한 눈에 알아보기 쉽게 정리해 놓았습니다.

연습하기

핵심문장 구조를 통해 학습한 문장패턴을 한국어/일본어 – 한국어 해석 – 일본어 번역의 3단계로 나누어 말하기 연습을 할 수 있도록 구성하였습니다.

응용하기

본문에서 학습한 핵심 패턴에 문장을 꾸며주는 수식어, 접속사, 부사 등을 더한 응용표현을 활용하여 더 풍부한 문장을 연습해 볼 수 있도록 구성하였습니다.

말해보기

본문에서 학습한 주요 패턴이 사용된 회화문으로, 일본여행에서 겪을 수 있는 상황을 짤막한 회화로 구성하였습니다.

오모시로이 니홍고

오모시로이 니홍고에서는 우리말과 발음이 비슷해서 외우기 쉬운 한자어를 알려 줍니다. 또한 일본어에 더욱 흥미를 느낄 수 있도록 재미있는 일본의 도시 정보도 담았습니다.

실력 업그레이드

지난 강에서 공부한 문장의 기본 구조를 최종적으로 점검하고, 추가로 제공하는 단어를 활용하여 문장에 응용해 볼 수 있도록 5강마다 구성하였습니다.

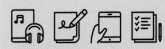

· 원어민 MP3 음원
· 핵심 스피드 체크 PDF
· 포켓 여행 일본어 단어장 PDF
· 단어 셀프 체크 테스트 PDF

특별 부록

녹음 MP3 파일과 추가 학습 자료 PDF 파일은 시원스쿨 일본어 홈페이지(japan.siwonschool.com)의 학습지원센터>공부 자료실>도서명 검색한 후 무료로 다운로드 가능합니다.

학습 플랜

▪ 4주 스피드 플랜

	월	화	수	목	금	토	일
1주차	PART 01 (p.13~20)	PART 02 (p.21~28)	PART 03 (p.29~36)	PART 04, PART 05 (p.37~52)	PART 06, PART 07 (p.57~72)	PART 08, PART 09 (p.73~88)	휴식 or 복습
2주차	PART 10 (p.89~96)	PART 11 (p.101~108)	중간 복습	PART 12 (p.109~116)	PART 13 (p.117~124)	PART 14 (p.125~132)	휴식 or 복습
3주차	PART 15, PART 16 (p.133~152)	PART 17, PART 18 (p.153~168)	PART 19 (p.169~176)	중간 복습	PART 20 (p.177~184)	PART 21, PART 22 (p.189~204)	휴식 or 복습
4주차	PART 23 (p.205~212)	PART 24, PART 25 (p.213~228)	PART 26, PART 27 (p.233~248)	PART 28, PART 29 (p.249~264)	PART 30 (p.265~272)	총 복습	휴식

▪8주 탄탄 플랜

	월	화	수	목	금	토	일
1주차	PART 01 (p.13~20)	PART 02 (p.21~28)	PART 03 (p.29~36)	중간 복습	PART 04 (p.37~44)	휴식 or 복습	
2주차	PART 05 (p.45~52)	PART 06 (p.57~64)	PART 07 (p.65~72)	PART 08 (p.73~80)	PART 09 (p.81~88)	휴식 or 복습	
3주차	중간 복습	PART 10 (p.89~96)	PART 11 (p.101~108)	중간 복습	PART 12 (p.109~116)	휴식 or 복습	
4주차	PART 13 (p.117~124)	PART 14 (p.125~132)	중간 복습	PART 15 (p.133~140)	PART 16 (p.145~152)	휴식 or 복습	
5주차	중간 복습	PART 17 (p.153~160)	PART 18 (p.161~168)	PART 19 (p.169~176)	중간 복습	휴식 or 복습	
6주차	PART 20 (p.177~184)	PART 21 (p.189~196)	PART 22 (p.197~204)	PART 23 (p.205~212)	중간 복습	휴식 or 복습	
7주차	PART 24 (p.213~220)	PART 25 (p.221~228)	PART 26 (p.233~240)	PART 27 (p.241~248)	중간 복습	휴식 or 복습	
8주차	PART 28 (p.249~256)	PART 29 (p.257~264)	중간 복습	PART 30 (p.265~272)	총 복습	휴식	

학습 후기

14기 한*규 수강생

빠르고 편리한 복습!
철저한 복습 체계로 완벽 점검 가능!

22기 김*진 수강생

문법과 단어가 쌓여가는 구성!
저절로 단어와 문법이 암기되는 효과!

7기 한*훈 수강생

일본어 스피킹의 올바른 접근!
가장 단순한 문형과 단어들을 반복해서 발음을 익히는
쉽지만 효율적인 학습 방법입니다!

21기 배*희 수강생

매일 꾸준히 따라하기만 해도 실력이 금방 느는 것을
몸으로 느낄 수 있어 배우는 맛이 있어요!

18기 이*미 수강생

분명 이제 왕초보 시작인데 일본 영화를 볼 때 슬슬
일본어가 들리기 시작해요! 생각보다 빠른 변화에
일본어 공부가 더 재미있습니다!

따라만 해도 일본어 말문이 트이는 비법! 지금부터 공부해 봅시다!

PART 01

チェジュドは どうですか?

제주도는 어떻습니까?

 학습 목표

상태나 의견을 물을 수 있고 이유와 방법을 묻는 의문사를 사용하여 다양한 질문을 할 수 있다.

 학습 포인트

☑ 어떻습니까? = どうですか?

☑ 왜/어째서 ~까? = どうして + か?

☑ 어떻게 ~까? = どうやって + か?

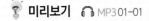 **미리보기** 🎧 MP3 01-01

チェジュド 제주도 | 日本語(にほんご) 일본어 | 買(か)う 사다 | 行(い)く 가다 | 話(はな)す 말하다, 이야기하다 | 彼(かれ)ら 그들

살펴보기 🔍

01 | 상태나 의견을 묻는 표현

어떻습니까? = どうですか?

✈ 상태나 의견을 묻고 싶을 때 'どうですか?'라고 하면 됩니다.

제주도는 어떻습니까? = チェジュドは どうですか?

일본어는 어떻습니까? = 日本語は どうですか?

02 | 이유를 묻는 의문문

왜/어째서 ~까? = どうして + か?

✈ 이유를 묻는 의문사 'どうして'를 사용하여 의문문을 만들 수 있습니다.

왜 이것을 삽니까? = どうして これを 買いますか?

왜 이것을 사지 않으면 안됩니까? = どうして これを 買わないと いけませんか?

03 방법을 묻는 의문문

어떻게 ~까? = どうやって + か?

방법을 묻는 의문사 'どうやって'를 사용하여 의문문을 만들 수 있습니다.

어떻게 일본에 갑니까? = どうやって 日本に 行きますか?

어떻게 일본어를 말할 수 있습니까? = どうやって 日本語を 話すことが できますか?

✿ 문장 구조를 **반복해서 연습해** 보자.

❶ 제주도는 어떻습니까?　　　　チェジュドは どうですか?

❷ 일본어는 어떻습니까?　　　　日本語は どうですか?

❸ 왜 이것을 삽니까?　　　　どうして これを 買いますか?

❹ 왜 이것을 사지 않으면 안 됩니까?　　　　どうして これを 買わないと いけませんか?

❺ 왜 일본에 갑니까?　　　　どうして 日本に 行きますか?

❻ 왜 제주도에 갑니까?　　　　どうして チェジュドに 行きますか?

❼ 어떻게 일본에 갑니까?　　　　どうやって 日本に 行きますか?

❽ 어떻게 일본어를 말할 수 있습니까?　　　　どうやって 日本語を 話すことが できますか?

❾ 어떻게 살 수 있습니까?　　　　どうやって 買うことが できますか?

❿ 어떻게 제주도에 갈 수 있습니까?　　　　どうやって チェジュドに 行くことが できますか?

문장 구조를 1초 만에 해석해 보자.

❶ チェジュドは どうですか?

❷ 日本語<ruby>にほんご</ruby>は どうですか?

❸ どうして これを 買<ruby>か</ruby>いますか?

❹ どうして これを 買<ruby>か</ruby>わないと いけませんか?

❺ どうして 日本<ruby>にほん</ruby>に 行<ruby>い</ruby>きますか?

❻ どうして チェジュドに 行<ruby>い</ruby>きますか?

❼ どうやって 日本<ruby>にほん</ruby>に 行<ruby>い</ruby>きますか?

❽ どうやって 日本語<ruby>にほんご</ruby>を 話<ruby>はな</ruby>すことが できますか?

❾ どうやって 買<ruby>か</ruby>うことが できますか?

❿ どうやって チェジュドに 行<ruby>い</ruby>くことが できますか?

문장 구조를 1초 만에 일본어로 말해 보자.

❶ 제주도는 어떻습니까?

❷ 일본어는 어떻습니까?

❸ 왜 이것을 삽니까?

❹ 왜 이것을 사지 않으면 안 됩니까?

❺ 왜 일본에 갑니까?

❻ 왜 제주도에 갑니까?

❼ 어떻게 일본에 갑니까?

❽ 어떻게 일본어를 말할 수 있습니까?

❾ 어떻게 살 수 있습니까?

❿ 어떻게 제주도에 갈 수 있습니까?

응용표현

그들은 + ~까?

= 彼_{かれ}らは + か?

* '그'라는 뜻의 '彼_{かれ}'에 'ら'를 붙이면 '그들'이라는 복수형이 됩니다. 여기에 조사 'は'를 접속하여 3인칭 복수형에
  관한 다양한 의문문을 만들 수 있습니다.

문장을 확장해 보자.

❶ 그들은 왜 이것을 삽니까?　　　　　　　　彼_{かれ}らは どうして これを 買_かいますか?

❷ 그들은 왜 이것을 사지 않으면 안 됩니까?　彼_{かれ}らは どうして これを 買_かわないと いけませんか?

❸ 그들은 왜 일본에 갑니까?　　　　　　　　彼_{かれ}らは どうして 日本_{にほん}に 行_いきますか?

❹ 그들은 왜 제주도에 갑니까?　　　　　　　彼_{かれ}らは どうして チェジュドに 行_いきますか?

❺ 그들은 어떻게 일본에 갑니까?　　　　　　彼_{かれ}らは どうやって 日本_{にほん}に 行_いきますか?

❻ 그들은 어떻게 일본어를 말할 수 있습니까?　彼_{かれ}らは どうやって 日本語_{にほんご}を 話_{はな}すことが できますか?

❼ 그들은 어떻게 살 수 있습니까?　　　　　　彼_{かれ}らは どうやって 買_かうことが できますか?

❽ 그들은 어떻게 제주도에 갈 수 있습니까?　彼_{かれ}らは どうやって チェジュドに 行_いくことが できますか?

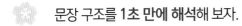
문장 구조를 1초 만에 해석해 보자.

❶ 彼らは どうして これを 買いますか?

❷ 彼らはどうしてこれを買わないといけませんか?

❸ 彼らは どうして 日本に 行きますか?

❹ 彼らは どうして チェジュドに 行きますか?

❺ 彼らは どうやって 日本に 行きますか?

❻ 彼らは どうやって日本語を話すことができますか?

❼ 彼らは どうやって買うことができますか?

❽ 彼らは どうやってチェジュドに行くことができますか?

문장 구조를 1초 만에 일본어로 말해 보자.

❶ 그들은 왜 이것을 삽니까?

❷ 그들은 왜 이것을 사지 않으면 안 됩니까?

❸ 그들은 왜 일본에 갑니까?

❹ 그들은 왜 제주도에 갑니까?

❺ 그들은 어떻게 일본에 갑니까?

❻ 그들은 어떻게 일본어를 말할 수 있습니까?

❼ 그들은 어떻게 살 수 있습니까?

❽ 그들은 어떻게 제주도에 갈 수 있습니까?

안내원에게 시부야에 가는 방법을 물어보고 있다. 🎧 MP3 01-02

나 すみません。渋谷は どうやって 行きますか?

실례합니다. 시부야는 어떻게 갑니까?

안내원 ここから 電車に 乗ったほうが いいですよ。

여기서부터 전철을 타는 편이 좋아요.

나 そうですか? 一番近い 駅は どこですか?

그렇습니까? 가장 가까운 역은 어디입니까?

안내원 あそこです。   저곳입니다.

나 ありがとうございます。   감사합니다.

플러스 단어

~に乗る ~을(를) 타다 │ 近いです 가깝습니다 │ 駅 역

오모시로이 니홍고

무료

무료는 한자로 無料(없을 무, 헤아릴 료)라고 쓰며, 일본어로는 'むりょう'라고 발음합니다. りょう라고 길게 장음으로 읽는 것에 유의하세요.

PART 02

買<small>か</small>って
사고, 사서

💡 학습 목표

동사의 원형에서 연결 표현인 **て**형을 만들 수 있다.

💡 학습 포인트

- ☑ 3그룹 동사의 **て**형
- ☑ 2그룹 동사의 **て**형
- ☑ 1그룹 동사의 **て**형

💡 미리보기 🎧 MP3 02-01

買<small>か</small>う 사다 | する 하다 | 来<small>く</small>る 오다 | 見<small>み</small>る 보다 | 起<small>お</small>きる 일어나다 | 食<small>た</small>べる 먹다 | 寝<small>ね</small>る 자다 | 待<small>ま</small>つ 기다리다

作<small>つく</small>る 만들다 | 貸<small>か</small>す 빌려주다 | 話<small>はな</small>す 이야기하다 | 歩<small>ある</small>く 걷다 | 泳<small>およ</small>ぐ 헤엄치다 | 死<small>し</small>ぬ 죽다 | 呼<small>よ</small>ぶ 부르다

飲<small>の</small>む 마시다 | 立<small>た</small>つ 일어서다 | 知<small>し</small>る 알다 | 入<small>はい</small>る 들어가다 | 握<small>にぎ</small>る 쥐다 | 帰<small>かえ</small>る 돌아가다 | しゃべる 수다 떨다

走<small>はし</small>る 달리다 | 切<small>き</small>る 자르다 | 焦<small>あせ</small>る 초조해하다

01 | 3그룹 동사의 て형

して, 来て

✈ 3그룹 동사의 て형은 불규칙적으로 활용됩니다. する는 '하고, 해서'라는 'して', 来る는 '오고, 와서'라는 '来て' 2개뿐이니 암기하도록 합시다.

하다 ⇒ 하고, 해서 = する ⇒ して   오다 ⇒ 오고, 와서 = 来る ⇒ 来て

02 | 2그룹 동사의 て형

る + て

✈ 2그룹 동사의 て형은 말 끝의 る를 떼고 て를 붙여서 '동사하고, 동사해서'라는 연결 표현이 됩니다.

보다 ⇒ 보고, 봐서 = 見る ⇒ 見て

일어나다 ⇒ 일어나고, 일어나서 = 起きる ⇒ 起きて

먹다 ⇒ 먹고, 먹어서 = 食べる ⇒ 食べて

자다 ⇒ 자고, 자서 = 寝る ⇒ 寝て

03 | 1그룹 동사의 て형

う・つ・る+って   す+して

く・ぐ+いて・いで   ぬ・ぶ・む+んで

 1그룹 동사의 て형은 끝 글자에 따라 만드는 방법이 다르니 주의해야 합니다.

う・つ・る → って

사다 ⇒ 사고, 사서 = 買_かう ⇒ 買_かって

기다리다 ⇒ 기다리고, 기다려서 = 待_まつ ⇒ 待_まって

만들다 ⇒ 만들고, 만들어서 = 作_{つく}る ⇒ 作_{つく}って

す → して

빌려주다 ⇒ 빌려주고, 빌려줘서 = 貸_かす ⇒ 貸_かして

이야기하다 ⇒ 이야기하고, 이야기해서
= 話_{はな}す ⇒ 話_{はな}して

く → いて / ぐ → いで

걷다 ⇒ 걷고, 걸어서 = 歩_{ある}く ⇒ 歩_{ある}いて

헤엄치다 ⇒ 헤엄치고, 헤엄쳐서
= 泳_{およ}ぐ ⇒ 泳_{およ}いで

ぬ・ぶ・む → んで

죽다 ⇒ 죽고, 죽어서 = 死_しぬ ⇒ 死_しんで

부르다 ⇒ 부르고, 불러서 = 呼_よぶ ⇒ 呼_よんで

마시다 ⇒ 마시고, 마셔서 = 飲_のむ ⇒ 飲_のんで

* 예외 '行_いく(가다)'는 'く'로 끝나지만 '行_いって(가고, 가서)'가 된다.

동사의 원형과 て형을 반복해서 연습해 보자.

❶ 일어서다　立つ　　　　　일어서고, 일어서서　立って

❷ 이야기하다　話す　　　　이야기하고, 이야기해서　話して

❸ 걷다　歩く　　　　　걷고, 걸어서　歩いて

❹ 헤엄치다　泳ぐ　　　　헤엄치고, 헤엄쳐서　泳いで

❺ 죽다　死ぬ　　　　죽고, 죽어서　死んで

❻ 일어나다　起きる　　　일어나고, 일어나서　起きて

❼ 보다　見る　　　　보고, 봐서　見て

❽ 먹다　食べる　　　먹고, 먹어서　食べて

❾ 하다　する　　　　하고, 해서　して

❿ 오다　来る　　　　오고, 와서　来て

동사의 뜻을 1초 만에 말해 보자.

❶ た
立って

❻ お
起きて

❷ はな
話して

❼ み
見て

❸ ある
歩いて

❽ た
食べて

❹ およ
泳いで

❾ して

❺ し
死んで

❿ き
来て

동사를 1초 만에 일본어로 말해 보자.

❶ 일어서고, 일어서서

❻ 일어나고, 일어나서

❷ 이야기하고, 이야기해서

❼ 보고, 봐서

❸ 걷고, 걸어서

❽ 먹고, 먹어서

❹ 헤엄치고, 헤엄쳐서

❾ 하고, 해서

❺ 죽고, 죽어서

❿ 오고, 와서

응용표현

예외 1그룹 동사의 て형

= る + って

* 예외 1그룹 동사의 て형은 마지막 글자 る를 떼고 って를 붙입니다.

❄ **예외 1그룹 동사의 て형**을 연습해 보자.

❶ 알다　　　　　　知る　　　　　알고, 알아서　　　　　知って

❷ 들어가다　　　　入る　　　　　들어가고, 들어가서　　入って

❸ 쥐다　　　　　　握る　　　　　쥐고, 쥐어서　　　　　握って

❹ 돌아가다　　　　帰る　　　　　돌아가고, 돌아가서　　帰って

❺ 수다 떨다　　　しゃべる　　　수다 떨고, 수다 떨어서　しゃべって

❻ 달리다　　　　　走る　　　　　달리고, 달려서　　　　走って

❼ 자르다　　　　　切る　　　　　자르고, 잘라서　　　　切って

❽ 초조해하다　　　焦る　　　　　초조해하고, 초조해해서　焦って

예외 1그룹 동사의 **뜻을 1초 만에** 말해 보자.

❶ 知って
し

❺ しゃべって

❷ 入って
はい

❻ 走って
はし

❸ 握って
にぎ

❼ 切って
き

❹ 帰って
かえ

❽ 焦って
あせ

예외 1그룹 동사를 **1초 만에** 일본어로 말해 보자.

❶ 알고, 알아서

❺ 수다 떨고, 수다 떨어서

❷ 들어가고, 들어가서

❻ 달리고, 달려서

❸ 쥐고, 쥐어서

❼ 자르고, 잘라서

❹ 돌아가고, 돌아가서

❽ 초조해하고, 초조해해서

내가 지친 이유를 리에에게 말하고 있다. 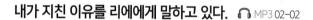 MP3 02-02

나　　ああ……。　아…….

리에　どうしたの？　무슨 일이야?

나　　たくさん歩いて。

많이 걸어서.

리에　どのくらい？

어느 정도?

나　　1時間ぐらい……?

1시간 정도……?

플러스 단어

たくさん 많이 ｜ **くらい・ぐらい** 정도 ｜ **時間** 시간

오모시로이 니홍고

유리

유리는 한자로 有利(있을 유, 이로울 리)라고 쓰며, 일본어로는 'ゆうり'라고 발음합니다. ゆう라고 길게 장음으로 읽는 것에 유의하세요.

PART 03

読<ruby>よ<rt></rt></ruby>んで

읽고, 읽어서

💡 **학습 목표**

동사의 연결형인 て형에서 동사원형으로 바꾸는 연습을 통해 다시 한번 복습할 수 있다.

💡 **학습 포인트**

☑ 3그룹 동사의 て형

☑ 2그룹 동사의 て형

☑ 1그룹 동사의 て형

💡 **미리보기** 🎧 MP3 03-01

読む 읽다 | する 하다 | 来る 오다 | 見る 보다 | 起きる 일어나다 | 食べる 먹다 | 寝る 자다 | 買う 사다

待つ 기다리다 | 作る 만들다 | 貸す 빌려주다 | 話す 이야기하다 | 歩く 걷다 | 泳ぐ 헤엄치다 | 死ぬ 죽다

呼ぶ 부르다 | 飲む 마시다 | 立つ 일어서다 | 知る 알다 | 入る 들어가다 | 握る 쥐다 | 帰る 돌아가다

しゃべる 수다 떨다 | 走る 달리다 | 切る 자르다 | 焦る 초조해하다

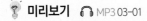

01 | 3그룹 동사의 て형

して, 来て

3그룹 동사의 て형은 불규칙적으로 활용된다고 배웠습니다. する는 '하고, 해서'라는 'して', 来る는 '오고, 와서'라는 '来て' 2개뿐이었지요. 동사 て형을 원형으로 바꾸어 봅시다.

하고, 해서 ⇒ 하다 = して ⇒ する   오고, 와서 ⇒ 오다 = 来て ⇒ 来る

02 | 2그룹 동사의 て형

る + て

2그룹 동사의 て형은 말 끝의 る를 떼고 て를 붙이면 된다고 배웠습니다. 동사 て형을 원형으로 바꾸어 봅시다.

보고, 봐서 ⇒ 보다 = 見て ⇒ 見る

일어나고, 일어나서 ⇒ 일어나다 = 起きて ⇒ 起きる

먹고, 먹어서 ⇒ 먹다 = 食べて ⇒ 食べる   자고, 자서 ⇒ 자다 = 寝て ⇒ 寝る

う・つ・る+って　　　　す+して
く・ぐ+いて・いで　　　ぬ・ぶ・む+んで

✈ 1그룹 동사의 て형은 끝 글자에 따라 만드는 방법이 다르다고 배웠습니다. 동사て형을 원형으로 바꾸어 봅시다.

う・つ・る → って

사고, 사서 ⇒ 사다 = 買^かって ⇒ 買^かう

기다리고, 기다려서 ⇒ 기다리다 = 待^まって ⇒ 待^まつ

만들고, 만들어서⇒ 만들다 = 作^{つく}って ⇒ 作^{つく}る

す → して

빌려주고, 빌려줘서 ⇒ 빌려주다 = 貸^かして ⇒ 貸^かす

이야기하고, 이야기해서 ⇒ 이야기하다
= 話^{はな}して ⇒ 話^{はな}す

く → いて / ぐ → いで

걷고, 걸어서 ⇒ 걷다 = 歩^{ある}いて ⇒ 歩^{ある}く

헤엄치고, 헤엄쳐서 ⇒ 헤엄치다
= 泳^{およ}いで ⇒ 泳^{およ}ぐ

ぬ・ぶ・む → んで

죽고, 죽어서 ⇒ 죽다 = 死^しんで ⇒ 死^しぬ

부르고, 불러서 ⇒ 부르다 = 呼^よんで ⇒ 呼^よぶ

마시고, 마셔서 ⇒ 마시다 = 飲^のんで ⇒ 飲^のむ

* 예외 '行^いく(가다)'는 'く'로 끝나지만 '行^いって(가고, 가서)'가 된다.

동사의 **て**형과 원형을 반복해서 연습해 보자.

❶ 일어서고, 일어서서　　　立^たって　　　　일어서다　　　立^たつ

❷ 이야기하고, 이야기해서　　話^{はな}して　　　　이야기하다　　話^{はな}す

❸ 걷고, 걸어서　　　　　　歩^{ある}いて　　　　걷다　　　　歩^{ある}く

❹ 헤엄치고, 헤엄쳐서　　　泳^{およ}いで　　　　헤엄치다　　泳^{およ}ぐ

❺ 죽고, 죽어서　　　　　　死^しんで　　　　죽다　　　　死^しぬ

❻ 일어나고, 일어나서　　　起^おきて　　　　일어나다　　起^おきる

❼ 보고, 봐서　　　　　　　見^みて　　　　　보다　　　　見^みる

❽ 먹고, 먹어서　　　　　　食^たべて　　　　먹다　　　　食^たべる

❾ 하고, 해서　　　　　　　して　　　　　　하다　　　　する

❿ 오고, 와서　　　　　　　来^きて　　　　　오다　　　　来^くる

동사의 뜻을 1초 만에 해석해 보자.

❶ 立^たって

❻ 起^おきて

❷ 話^{はな}して

❼ 見^みて

❸ 歩^{ある}いて

❽ 食^たべて

❹ 泳^{およ}いで

❾ して

❺ 死^しんで

❿ 来^きて

동사를 1초 만에 일본어로 말해 보자.

❶ 일어서고, 일어서서

❻ 일어나고, 일어나서

❷ 이야기하고, 이야기해서

❼ 보고, 봐서

❸ 걷고, 걸어서

❽ 먹고, 먹어서

❹ 헤엄치고, 헤엄쳐서

❾ 하고, 해서

❺ 죽고, 죽어서

❿ 오고, 와서

응용하기

응용표현

예외 1그룹 동사의 て형

= る + って

* 예외 1그룹 동사의 て형은 마지막 글자 る를 떼고 って를 붙인다고 배웠습니다.

예외 1그룹 동사의 **て형**을 원형으로 바꾸어 보자.

❶ 알고, 알아서 　　　　知^しって　　　알다　　　知^しる

❷ 들어가고, 들어가서 　入^{はい}って　　들어가다　　入^{はい}る

❸ 쥐고, 쥐어서 　　　　握^{にぎ}って　　쥐다　　　握^{にぎ}る

❹ 돌아가고, 돌아가서 　帰^{かえ}って　　돌아가다　　帰^{かえ}る

❺ 수다 떨고, 수다 떨어서 しゃべって　　수다 떨다　　しゃべる

❻ 달리고, 달려서 　　　走^{はし}って　　달리다　　走^{はし}る

❼ 자르고, 잘라서 　　　切^きって　　자르다　　切^きる

❽ 초조해하고, 초조해해서 焦^{あせ}って　초조해하다　焦^{あせ}る

예외 1그룹 동사의 뜻을 1초 만에 해석해 보자.

❶ 知って

❷ 入って

❸ 握って

❹ 帰って

❺ しゃべって

❻ 走って

❼ 切って

❽ 焦って

예외 1그룹 동사를 1초 만에 일본어로 말해 보자.

❶ 알고, 알아서

❷ 들어가고, 들어가서

❸ 쥐고, 쥐어서

❹ 돌아가고, 돌아가서

❺ 수다 떨고, 수다 떨어서

❻ 달리고, 달려서

❼ 자르고, 잘라서

❽ 초조해하고, 초조해해서

언제 돌아갈 것인지 리에와 대화하고 있다. 🎧 MP3 03-02

나   いつ行(い)く?   언제 갈 거야?

리에   これ、ぜんぶ読(よ)んでから行(い)く。

이거, 전부 읽고 나서 갈게.

나   どのくらいかかる?   어느 정도 걸려?

리에   1時間(じかん)ぐらい……?

1시간 정도……?

나   じゃ、先(さき)行(い)くね。

그럼, 먼저 갈게.

플러스 단어

ぜんぶ 전부 | **~てから** ~하고 나서 | **先(さき)** 먼저

오모시로이 니홍고

기분

기분은 한자로 気分(기운 기, 나눌 분)라고 쓰며, 일본어로는 'きぶん'이라고 발음합니다. ん을 충분히 한 박자로 읽어주는 것에 유의하세요.

PART 04

話<ruby>はな</ruby>して います

이야기하고 있습니다

💡 **학습 목표**

동사의 **て**형을 사용해서 진행 표현을 말할 수 있다.

💡 **학습 포인트**

☑ 동사 + 하고 = 동사**て**형

☑ 동사 + 하고 있습니다 = 동사**て**형 + **います**

💡 **미리보기** 🎧 MP3 04-01

話<ruby>はな</ruby>す 이야기하다 | 待<ruby>ま</ruby>つ 기다리다 | 買<ruby>か</ruby>う 사다 | 遊<ruby>あそ</ruby>ぶ 놀다 | 会<ruby>あ</ruby>う 만나다 | 作<ruby>つく</ruby>る 만들다 | 歩<ruby>ある</ruby>く 걷다 | 見<ruby>み</ruby>る 보다

食<ruby>た</ruby>べる 먹다 | 寝<ruby>ね</ruby>る 자다 | 教<ruby>おし</ruby>える 가르치다 | する 하다 | 公園<ruby>こうえん</ruby> 공원 | デパート 백화점 | 海<ruby>うみ</ruby> 바다 | 家<ruby>いえ</ruby> 집

01 | 동사의 연결형

동사 + 하고 = 동사て형

✈ 동사て형으로 '동사하고'와 같이 동사의 연결형을 만들 수 있습니다.

기다리고 = 待^まって

사고 = 買^かって

놀고 = 遊^{あそ}んで

동사 + 하고 있습니다 = 동사て형 + います

동사て형에 '있습니다'라는 뜻의 'います'를 연결하면 '동사하고 있습니다'라는 진행 표현이 됩니다.

기다리고 있습니다. = 待って います。

사고 있습니다. = 買って います。

놀고 있습니다. = 遊んで います。

❀ 문장 구조를 반복해서 연습해 보자.

❶ 만나고 있습니다. 　　　　　　　　<ruby>会<rt>あ</rt></ruby>っています。

❷ 기다리고 있습니다. 　　　　　　　<ruby>待<rt>ま</rt></ruby>っています。

❸ 만들고 있습니다. 　　　　　　　　<ruby>作<rt>つく</rt></ruby>っています。

❹ 걷고 있습니다. 　　　　　　　　　<ruby>歩<rt>ある</rt></ruby>いています。

❺ 놀고 있습니다. 　　　　　　　　　<ruby>遊<rt>あそ</rt></ruby>んでいます。

❻ 보고 있습니다. 　　　　　　　　　<ruby>見<rt>み</rt></ruby>ています。

❼ 먹고 있습니다. 　　　　　　　　　<ruby>食<rt>た</rt></ruby>べています。

❽ 자고 있습니다. 　　　　　　　　　<ruby>寝<rt>ね</rt></ruby>ています。

❾ 가르치고 있습니다. 　　　　　　　<ruby>教<rt>おし</rt></ruby>えています。

❿ 하고 있습니다. 　　　　　　　　　しています。

문장 구조를 1초 만에 해석해 보자.

❶ <ruby>会<rt>あ</rt></ruby>って います。

....

❷ <ruby>待<rt>ま</rt></ruby>って います。

....

❸ <ruby>作<rt>つく</rt></ruby>って います。

....

❹ <ruby>歩<rt>ある</rt></ruby>いて います。

....

❺ <ruby>遊<rt>あそ</rt></ruby>んで います。

....

❻ <ruby>見<rt>み</rt></ruby>て います。

....

❼ <ruby>食<rt>た</rt></ruby>べて います。

....

❽ <ruby>寝<rt>ね</rt></ruby>て います。

....

❾ <ruby>教<rt>おし</rt></ruby>えて います。

....

❿ して います。

....

문장 구조를 1초 만에 일본어로 말해 보자.

❶ 만나고 있습니다.

....

❷ 기다리고 있습니다.

....

❸ 만들고 있습니다.

....

❹ 걷고 있습니다.

....

❺ 놀고 있습니다.

....

❻ 보고 있습니다.

....

❼ 먹고 있습니다.

....

❽ 자고 있습니다.

....

❾ 가르치고 있습니다.

....

❿ 하고 있습니다.

....

응용하기 ⭐

응용표현

명사 + 에서 + 동사하고 있습니다

= 명사 + で + 동사て います

* 장소를 나타내는 명사에 '~에서'란 뜻의 조사 'で'를 붙이면 '명사에서'가 됩니다. 여기에 동사의 진행 표현을
연결해서 말할 수 있습니다.

❋ **문장을 확장해 보자.**

❶ 공원에서 기다리고 있습니다.　　　　　公園で 待って います。

❷ 백화점에서 사고 있습니다.　　　　　デパートで 買って います。

❸ 바다에서 놀고 있습니다.　　　　　海で 遊んで います。

❹ 집에서 이야기하고 있습니다.　　　　　家で 話して います。

❺ 공원에서 마시고 있습니다.　　　　　公園で 飲んで います。

❻ 백화점에서 줄 서고 있습니다.　　　　　デパートで 並んで います。

❼ 바다에서 헤엄치고 있습니다.　　　　　海で 泳いで います。

❽ 집에서 먹고 있습니다.　　　　　家で 食べて います。

문장 구조를 1초 만에 해석해 보자.

❶ 公園で 待って います。
こうえん　ま

❷ デパートで 買って います。
か

❸ 海で 遊んで います。
うみ　あそ

❹ 家で 話して います。
いえ　はな

❺ 公園で 飲んで います。
こうえん　の

❻ デパートで 並んで います。
なら

❼ 海で 泳いで います。
うみ　およ

❽ 家で 食べて います。
いえ　た

문장 구조를 1초 만에 일본어로 말해 보자.

❶ 공원에서 기다리고 있습니다.

❷ 백화점에서 사고 있습니다.

❸ 바다에서 놀고 있습니다.

❹ 집에서 이야기하고 있습니다.

❺ 공원에서 마시고 있습니다.

❻ 백화점에서 줄 서고 있습니다.

❼ 바다에서 헤엄치고 있습니다.

❽ 집에서 먹고 있습니다.

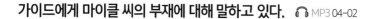

가이드에게 마이클 씨의 부재에 대해 말하고 있다. 🎧 MP3 04-02

가이드 みなさん、来^きましたか？

모두 오셨습니까?

나 いいえ、マイケルさんがいません。

아니요, 마이클 씨가 없습니다.

가이드 デパートでお土産^{みやげ}を買^かっていましたが。

백화점에서 기념품을 사고 있었습니다만.

나 あ！ あそこ、マイケルさんがいます。

아! 저기, 마이클 씨가 있습니다.

플러스 단어

お土産^{みやげ} 기념품

오모시로이 니홍고

구간

구간은 한자로 区間(구분할 구, 사이 간)이라고 쓰며, 일본어로는 'くかん'이라고 발음합니다. ん 을 충분히 한 박자로 읽어주는 것에 유의하세요.

PART 05

食^たべて みます

먹어 보겠습니다

학습 목표

동사 **て**형을 사용해서 시도 표현과 권유 표현을 말할 수 있다.

학습 포인트

☑ 동사 + 해 보겠습니다 = 동사 **て**형 + **みます**

☑ 동사 + 해 보지 않겠습니까? = 동사 **て**형 + **みませんか?**

미리보기 🎧 MP3 05-01

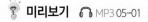

食^たべる 먹다 | 待^まつ 기다리다 | 買^かう 사다 | 作^{つく}る 만들다 | 会^あう 만나다 | 歩^{ある}く 걷다

遊^{あそ}ぶ 놀다 | 見^みる 보다 | 教^{おし}える 가르치다 | 着^きる 입다 | する 하다 | メール 메일

弁当^{べんとう} 도시락 | カレー 카레 | ビール 맥주 | 飲^のむ 마시다

01 동사의 시도 표현

동사 + 해 보겠습니다 = 동사て형 + みます

✈ 동사て형에 '보겠습니다'라는 뜻의 'みます'를 연결하면 '동사해 보겠습니다'라는 시도 표현이 됩니다. 이때 주의할 점은 'て見ます'와 같이 한자로 표기하지 않고 히라가나로 표기한다는 점입니다.

기다려 보겠습니다. = 待って みます。

사 보겠습니다. = 買って みます。

만들어 보겠습니다. = 作って みます。

동사 + 해 보지 않겠습니까? = 동사て형 + みませんか?

동사て형에 '보지 않겠습니까?'라는 뜻의 'みませんか?'를 연결하면 '동사해 보지 않겠습니까?' 라는 시도의 권유 표현이 됩니다.

기다려 보지 않겠습니까? = 待^まって みませんか?

사 보지 않겠습니까? = 買^かって みませんか?

만들어 보지 않겠습니까? = 作^{つく}って みませんか?

문장 구조를 반복해서 연습해 보자.

❶ 만나 보겠습니다.

会^あって みます。

❷ 기다려 보겠습니다.

待^まって みます。

❸ 만들어 보겠습니다.

作^{つく}って みます。

❹ 걸어 보겠습니다.

歩^{ある}いて みます。

❺ 놀아 보겠습니다.

遊^{あそ}んで みます。

❻ 봐 보지 않겠습니까?

見^みて みませんか?

❼ 먹어 보지 않겠습니까?

食^たべて みませんか?

❽ 가르쳐 보지 않겠습니까?

教^{おし}えて みませんか?

❾ 입어 보지 않겠습니까?

着^きて みませんか?

❿ 해 보지 않겠습니까?

して みませんか?

문장 구조를 1초 만에 해석해 보자.

❶ 会^あって みます。

❷ 待^まって みます。

❸ 作^{つく}って みます。

❹ 歩^{ある}いて みます。

❺ 遊^{あそ}んで みます。

❻ 見^みて みませんか?

❼ 食^たべて みませんか?

❽ 教^{おし}えて みませんか?

❾ 着^きて みませんか?

❿ して みませんか?

문장 구조를 1초 만에 일본어로 말해 보자.

❶ 만나 보겠습니다.

❷ 기다려 보겠습니다.

❸ 만들어 보겠습니다.

❹ 걸어 보겠습니다.

❺ 놀아 보겠습니다.

❻ 봐 보지 않겠습니까?

❼ 먹어 보지 않겠습니까?

❽ 가르쳐 보지 않겠습니까?

❾ 입어 보지 않겠습니까?

❿ 해 보지 않겠습니까?

응용하기 ✿

응용표현

명사을(를) + 동사 + 해 보겠습니까?

= 명사を + 동사て형 + **みますか?**

* '명사を'와 '동사해 보겠습니다'라는 뜻의 '동사て みます' 뒤에 'か?'를 붙이면 '동사해 보겠습니까?'라는
  권유 표현 의문문이 됩니다.

✽ 문장을 확장해 보자.

❶ 메일을 기다려 보겠습니까?　　　　　　メールを 待って みますか?

❷ 도시락을 사 보겠습니까?　　　　　　弁当を 買って みますか?

❸ 카레를 만들어 보겠습니까?　　　　　　カレーを 作って みますか?

❹ 맥주를 마셔 보겠습니까?　　　　　　ビールを 飲んで みますか?

❺ 도시락을 먹어 보겠습니까?　　　　　　弁当を 食べて みますか?

❻ 맥주를 사 보겠습니까?　　　　　　ビールを 買って みますか?

❼ 카레를 먹어 보겠습니까?　　　　　　カレーを 食べて みますか?

❽ 도시락을 만들어 보겠습니까?　　　　　　弁当を 作って みますか?

문장 구조를 1초 만에 해석해 보자.

❶ メールを 待<small>ま</small>って みますか?

❷ 弁当<small>べんとう</small>を 買<small>か</small>って みますか?

❸ カレーを 作<small>つく</small>って みますか?

❹ ビールを 飲<small>の</small>んで みますか?

❺ 弁当<small>べんとう</small>を 食<small>た</small>べて みますか?

❻ ビールを 買<small>か</small>って みますか?

❼ カレーを 食<small>た</small>べて みますか?

❽ 弁当<small>べんとう</small>を 作<small>つく</small>って みますか?

문장 구조를 1초 만에 일본어로 말해 보자.

❶ 메일을 기다려 보겠습니까?

❷ 도시락을 사 보겠습니까?

❸ 카레를 만들어 보겠습니까?

❹ 맥주를 마셔 보겠습니까?

❺ 도시락을 먹어 보겠습니까?

❻ 맥주를 사 보겠습니까?

❼ 카레를 먹어 보겠습니까?

❽ 도시락을 만들어 보겠습니까?

가이드와 낫토에 대해 이야기하고 있다. 🎧 MP3 05-02

나   これは 何^{なん}ですか？

이것은 무엇입니까?

가이드   これは なっとうです。

이것은 낫토입니다.

나   なっとうは 食^たべたことが ありません。

낫토는 먹어본 적이 없어요.

가이드   食^たべて みますか？ おいしいですよ。

먹어 보시겠습니까? 맛있어요.

플러스 단어

なっとう 낫토

오모시로이 니홍고

도쿄

도쿄는 일본의 수도이자 일본 정치, 경제, 문화의 중심지입니다. 재미있는 점은 런던, 뉴욕, 파리에 이어 세계 4대 도시로 불리울 만큼 글로벌한 도시임에도 불구하고 전통적인 모습이 그대로 남아 현대와 조화롭게 공존한다는 점입니다. 일본만의 개성을 보고 싶다면 일본의 모든 것을 압축해 놓은 도쿄를 추천합니다!

실력업그레이드1

✐ PART 01에서 PART 05까지 배웠던 문형을 복습해 봅시다.

PART 01 チェジュドはどうですか?

- 어떻습니까? = **どうですか?**
- 왜/어째서 ~까? = **どうして + か?**
- 어떻게 ~까? = **どうやって + か?**

PART 02 買って

- 3그룹 동사의 **て**형
- 2그룹 동사의 **て**형
- 1그룹 동사의 **て**형

PART 03 読んで

- 3그룹 동사의 **て**형
- 2그룹 동사의 **て**형
- 1그룹 동사의 **て**형

PART 04 話しています

- 동사 + 하고 = 동사 **て**형   • 동사 + 하고 있습니다 = 동사 **て**형 + **います**

PART 05 食べてみます

- 동사 + 해 보겠습니다 = 동사 **て**형 + **みます**
- 동사 + 해 보지 않겠습니까? = 동사 **て**형 + **みませんか?**

앞에서 배웠던 문형에 추가 단어들을 적용해 연습해 봅시다.

읽는 법	한자	품사	뜻
どうが	動画	명사	동영상
まんが	漫画	명사	만화
はんのう	反応	명사	반응
サービス		명사	서비스
にほんご	日本語	명사	일본어
ちゅうごくご	中国語	명사	중국어
えいご	英語	명사	영어
ベトナムご	ベトナム語	명사	베트남어
イタリアご	イタリア語	명사	이탈리아어
ドイツご	ドイツ語	명사	독일어
フランスご	フランス語	명사	프랑스어
かく	書く	동사	쓰다
はなす	話す	동사	이야기하다
スペインご	スペイン語	명사	스페인어
ねがう	願う	동사	바라다

읽는 법	한자	품사	뜻
はやる	流行る	동사	유행하다
すすむ	進む	동사	나아가다, 진행하다
はたらく	働く	동사	일하다
うごく	動く	동사	움직이다
いそぐ	急ぐ	동사	서두르다
なくす	無くす	동사	없애다, 잃어버리다
うつす	移す	동사	이동하다, 옮기다
わかれる	別れる	동사	헤어지다
かさねる	重ねる	동사	포개다, 겹치다
あきらめる	諦める	동사	포기하다
うまれる	生まれる	동사	태어나다
ごうかくする	合格する	동사	합격하다
すいせんする	推薦する	동사	추천하다
ちこくする	遅刻する	동사	지각하다
いう	言う	동사	말하다

읽는 법	한자	품사	뜻
まなぶ	学ぶ	동사	배우다
ふむ	踏む	동사	밟다
おなかが すく	お腹が 空く	동사	배가 고프다
とどく	届く	동사	도착하다
そそぐ	注ぐ	동사	붓다
くりかえす	繰り返す	동사	반복하다
うけいれる	受け入れる	동사	받아들이다
かえる	変える	동사	바꾸다
まかせる	任せる	동사	맡기다
あわせる	合わせる	동사	맞추다
はっぴょうする	発表する	동사	발표하다
むしする	無視する	동사	무시하다
かんどうする	感動する	동사	감동하다
けっせきする	欠席する	동사	결석하다
さそう	誘う	동사	권하다

PART 06

待^まって ください

기다려 주세요

💡 **학습 목표**

동사 **て**형을 사용해서 부탁 표현을 말할 수 있다.

💡 **학습 포인트**

☑ 동사 + 해 줘 = 동사 **て**형

☑ 동사 + 해 주세요 = 동사 **て**형 + **ください**

💡 **미리보기** 🎧 MP3 06-01

待^まつ 기다리다 | 買^かう 사다 | 書^かく 쓰다 | 話^{はな}す 이야기하다 | 作^{つく}る 만들다 | 歩^{ある}く 걷다 | 泳^{およ}ぐ 헤엄치다
並^{なら}ぶ 줄 서다 | 飲^のむ 마시다 | 食^たべる 먹다 | 来^くる 오다 | 日本語^{にほんご} 일본어 | で ~으로 | 韓国語^{かんこくご} 한국어
中国語^{ちゅうごくご} 중국어 | 英語^{えいご} 영어

01 동사의 명령이나 부탁 표현

동사 + 해 (줘) = 동사て형

✈ 동사て형은 그 자체만으로 '동사해 (줘)'라고 반말로 명령하거나 부탁하는 표현이 됩니다.

사 (줘). = 買_かって。

기다려 (줘). = 待_まって。

써 (줘). = 書_かいて。

이야기해 (줘). = 話_{はな}して。

동사 + 해 주세요 = 동사て형 + ください

동사て형에 '주세요'라는 뜻의 'ください'를 연결하면 '동사해 주세요'라는 정중한 부탁 표현이 됩니다.

사 주세요 = 買_かって ください。

기다려 주세요 = 待_まって ください。

써 주세요 = 書_かいて ください。

이야기해 주세요 = 話_{はな}して ください。

문장 구조를 반복해서 연습해 보자.

❶ 사 (줘).　　　　　　　　　買^かって。

❷ 기다려 (줘).　　　　　　　待^まって。

❸ 만들어 (줘).　　　　　　　作^{つく}って。

❹ 이야기해 (줘).　　　　　　話^{はな}して。

❺ 걸어 (줘).　　　　　　　　歩^{ある}いて。

❻ 헤엄쳐 주세요.　　　　　　泳^{およ}いで ください。

❼ 줄 서 주세요.　　　　　　　並^{なら}んで ください。

❽ 마셔 주세요.　　　　　　　飲^のんで ください。

❾ 먹어 주세요.　　　　　　　食^たべて ください。

❿ 와 주세요.　　　　　　　　来^きて ください。

문장 구조를 1초 만에 해석해 보자.

❶ 買_かって。
....

❷ 待_まって。
....

❸ 作_{つく}って。
....

❹ 話_{はな}して。
....

❺ 歩_{ある}いて。
....

❻ 泳_{およ}いでください。
....

❼ 並_{なら}んでください。
....

❽ 飲_のんでください。
....

❾ 食_たべてください。
....

❿ 来_きてください。
....

문장 구조를 1초 만에 일본어로 말해 보자.

❶ 사 (줘).
....

❷ 기다려 (줘).
....

❸ 만들어 (줘).
....

❹ 이야기해 (줘).
....

❺ 걸어 (줘).
....

❻ 헤엄쳐 주세요.
....

❼ 줄 서 주세요.
....

❽ 마셔 주세요.
....

❾ 먹어 주세요.
....

❿ 와 주세요.
....

응용표현

명사 + 로 + 동사해 주세요

= 명사 + で + 동사て ください

* 사물이나 도구 등을 나타내는 명사에 '~로'란 뜻의 조사 'で'를 붙이면 '명사로'라는 수단을 나타내는 표현이
  됩니다.

문장을 확장해 보자.

❶ 일본어로 써 주세요.　　　　　　　日本語で 書いて ください。

❷ 한국어로 써 주세요.　　　　　　　韓国語で 書いて ください。

❸ 중국어로 써 주세요.　　　　　　　中国語で 書いて ください。

❹ 영어로 써 주세요.　　　　　　　　英語で 書いて ください。

❺ 일본어로 이야기해 주세요.　　　　日本語で 話して ください。

❻ 한국어로 이야기해 주세요.　　　　韓国語で 話して ください。

❼ 중국어로 이야기해 주세요.　　　　中国語で 話して ください。

❽ 영어로 이야기해 주세요.　　　　　英語で 話して ください。

문장 구조를 1초 만에 해석해 보자.

❶ 日本語で 書いて ください。

❷ 韓国語で 書いて ください。

❸ 中国語で 書いて ください。

❹ 英語で 書いて ください。

❺ 日本語で 話して ください。

❻ 韓国語で 話して ください。

❼ 中国語で 話して ください。

❽ 英語で 話して ください。

문장 구조를 1초 만에 일본어로 말해 보자.

❶ 일본어로 써 주세요.

❷ 한국어로 써 주세요.

❸ 중국어로 써 주세요.

❹ 영어로 써 주세요.

❺ 일본어로 이야기해 주세요.

❻ 한국어로 이야기해 주세요.

❼ 중국어로 이야기해 주세요.

❽ 영어로 이야기해 주세요.

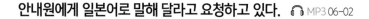

안내원에게 일본어로 말해 달라고 요청하고 있다. 🎧 MP3 06-02

나　あの、すみません。

　　저, 실례합니다.

안내원　Yes。　Yes.

나　日本語で 話して ください。

　　일본어로 이야기해 주세요.

안내원　あ！日本語で 話す ことが できますか？

　　아! 일본어로 이야기할 수 있습니까?

나　はい、少し……。　네, 조금…….

플러스 단어

少し 조금

오모시로이 니홍고

독특

독특은 한자로 独特(홀로 독, 특별할 특)이라고 쓰며, 일본어로는 'どくとく'라고 발음합니다. 첫 번째 く는 촉음처럼 발음 되는 것에 유의하세요.

PART 07

待^まって ほしいです
기다려 주면 좋겠습니다

💡 **학습 목표**

동사 **て**형을 사용해서 희망 표현을 말할 수 있다.

💡 **학습 포인트**

☑ 바랍니다/원합니다/갖고 싶습니다 = **ほしいです**

☑ 동사 + 해 주면 좋겠습니다 = 동사 **て**형 + **ほしいです**

☑ 동사 + 해 주길 바랐습니다 = 동사 **て**형 + **ほしかったです**

💡 **미리보기** 🎧 MP3 07-01

待^まつ 기다리다 | 作^{つく}る 만들다 | 食^たべる 먹다 | 買^かう 사다 | 話^{はな}す 이야기하다 | 歩^{ある}く 걷다

泳^{およ}ぐ 헤엄치다 | 並^{なら}ぶ 줄 서다 | 飲^のむ 마시다 | 来^くる 오다 | 早^{はや}く 빨리 | する 하다

01 │ 희망 표현

바랍니다/원합니다/갖고 싶습니다 = ほしいです

✈ 'ほしいです'는 '바랍니다, 원합니다, 갖고 싶습니다'라는 뜻으로, 무언가를 원하고 바랄 때 사용합니다. 'ほしいです' 앞에 명사가 올 경우에는 항상 조사 'が'를 사용합니다.

남자친구를 갖고 싶습니다. = 彼氏が ほしいです。

커피를 원합니다. = コーヒーが ほしいです。

02 │ 동사의 희망 요청 표현

동사 + 해 주면 좋겠습니다 = 동사て형 + ほしいです

✈ 동사て형에 'ほしいです'를 연결하면, '동사해 주면 좋겠습니다'라고 상대방에게 바라는 것을 해 주길 요청하는 표현이 됩니다.

만들어 주면 좋겠습니다. = 作って ほしいです。

먹어 주면 좋겠습니다. = 食べて ほしいです。

동사 + 해 주길 바랐습니다 = 동사 て형 + ほしかったです

'ほしいです'는 い형용사이기 때문에 과거 표현은 'ほしかったです'가 됩니다. 동사 て형에 연결하면 '동사해 주길 바랐습니다'라고 상대방에게 바랐던 것을 말할 수 있습니다.

만들어 주길 바랐습니다. = 作って ほしかったです。

먹어 주길 바랐습니다. = 食べて ほしかったです。

✳ 문장 구조를 반복해서 연습해 보자.

❶ 남자친구를 갖고 싶습니다.　　　　　　彼氏が ほしいです。

❷ 커피를 원합니다.　　　　　　　　　　コーヒーが ほしいです。

❸ 사 주면 좋겠습니다.　　　　　　　　買って ほしいです。

❹ 기다려 주면 좋겠습니다.　　　　　　待って ほしいです。

❺ 이야기해 주면 좋겠습니다.　　　　　話して ほしいです。

❻ 걸어 주면 좋겠습니다.　　　　　　　歩いて ほしいです。

❼ 헤엄쳐 주길 바랐습니다.　　　　　　泳いで ほしかったです。

❽ 줄 서 주길 바랐습니다.　　　　　　並んで ほしかったです。

❾ 마셔 주길 바랐습니다.　　　　　　　飲んで ほしかったです。

❿ 와 주길 바랐습니다.　　　　　　　　来て ほしかったです。

문장 구조를 1초 만에 해석해 보자.

❶ 彼氏が ほしいです。

❷ コーヒーが ほしいです。

❸ 買って ほしいです。

❹ 待って ほしいです。

❺ 話して ほしいです。

❻ 歩いて ほしいです。

❼ 泳いで ほしかったです。

❽ 並んで ほしかったです。

❾ 飲んで ほしかったです。

❿ 来て ほしかったです。

문장 구조를 1초 만에 일본어로 말해 보자.

❶ 남자친구를 갖고 싶습니다.

❷ 커피를 원합니다.

❸ 사 주면 좋겠습니다.

❹ 기다려 주면 좋겠습니다.

❺ 이야기해 주면 좋겠습니다.

❻ 걸어 주면 좋겠습니다.

❼ 헤엄쳐 주길 바랐습니다.

❽ 줄 서 주길 바랐습니다.

❾ 마셔 주길 바랐습니다.

❿ 와 주길 바랐습니다.

응용표현

빨리 + 동사해 주면 좋겠습니다
= 早^{はや}く + 동사て **ほしいです**

* '빠릅니다'라는 뜻의 い형용사 '早^{はや}いです'를 부사형인 '빨리'로 만들면 '早^{はや}く'가 됩니다. '早^{はや}く'를 이용해서
  상대방에게 빨리 해 주기를 요구할 수 있습니다.

❋ 문장을 확장해 보자.

❶ 빨리 만들어 주면 좋겠습니다.　　　　早^{はや}く 作^{つく}って ほしいです。

❷ 빨리 먹어 주면 좋겠습니다.　　　　　早^{はや}く 食^たべて ほしいです。

❸ 빨리 해 주면 좋겠습니다.　　　　　　早^{はや}く して ほしいです。

❹ 빨리 이야기해 주면 좋겠습니다.　　　早^{はや}く 話^{はな}して ほしいです。

❺ 빨리 만들어 주길 바랐습니다.　　　　早^{はや}く 作^{つく}って ほしかったです。

❻ 빨리 먹어 주길 바랐습니다.　　　　　早^{はや}く 食^たべて ほしかったです。

❼ 빨리 해 주길 바랐습니다.　　　　　　早^{はや}く して ほしかったです。

❽ 빨리 이야기해 주길 바랐습니다.　　　早^{はや}く 話^{はな}して ほしかったです。

문장 구조를 1초 만에 해석해 보자.

❶ 早_{はや}く作_{つく}って ほしいです。

❷ 早_{はや}く食_たべて ほしいです。

❸ 早_{はや}くして ほしいです。

❹ 早_{はや}く話_{はな}して ほしいです。

❺ 早_{はや}く作_{つく}って ほしかったです。

❻ 早_{はや}く食_たべて ほしかったです。

❼ 早_{はや}くして ほしかったです。

❽ 早_{はや}く話_{はな}して ほしかったです。

문장 구조를 1초 만에 일본어로 말해 보자.

❶ 빨리 만들어 주면 좋겠습니다.

❷ 빨리 먹어 주면 좋겠습니다.

❸ 빨리 해 주면 좋겠습니다.

❹ 빨리 이야기해 주면 좋겠습니다.

❺ 빨리 만들어 주길 바랐습니다.

❻ 빨리 먹어 주길 바랐습니다.

❼ 빨리 해 주길 바랐습니다.

❽ 빨리 이야기해 주길 바랐습니다.

택시 기사에게 빨리 가 달라고 희망을 요청하고 있다. 🎧 MP3 07-02

기사　はい、いらっしゃいませ。

네, 어서 오세요.

나　羽田空港、早く 行って ほしいです。
　　は ね だ くうこう　　はや い

하네다 공항, 빨리 가 주시면 좋겠습니다.

<1시간 뒤>

나　ここで おねがいします。

여기에서 부탁합니다.

기사　はい、わかりました。

네, 알겠습니다.

플러스 단어

羽田空港 하네다 공항
は ね だ くうこう

오모시로이 니홍고

이민

이민은 한자로 移民(옮길 이, 백성 민)라고 쓰며, 일본어로는 'いみん'이라고 발음합니다. ん을 충분히 한 박자로 읽어주는 것에 유의하세요.

PART 08

休^{やす}んでも いいですか？

쉬어도 됩니까?

학습 목표

동사 **て**형을 사용해서 허락 표현을 말할 수 있다.

학습 포인트

☑ 동사 + 해도 = 동사 **て**형 + **も**

☑ 동사 + 해도 됩니다/좋습니다/괜찮습니다 = 동사 **て**형 + **も いいです**

☑ 동사 + 해도 됩니까/좋습니까/괜찮습니까? = 동사 **て**형 + **も いいですか？**

미리보기 🎧 MP3 08-01

休^{やす}む 쉬다 | **話^{はな}す** 이야기하다 | **飲^のむ** 마시다 | **買^かう** 사다 | **待^まつ** 기다리다 | **作^{つく}る** 만들다 | **歩^{ある}く** 걷다

泳^{およ}ぐ 헤엄치다 | **並^{なら}ぶ** 줄 서다 | **食^たべる** 먹다 | **来^くる** 오다 | **金曜日^{きんようび}** 금요일 | **土曜日^{どようび}** 토요일

01 동사て형에 접속한 조사 も

동사 + 해도 = 동사て형 + も

동사て형에 '~도'라는 뜻의 조사 'も'를 연결하면 '동사해도'라는 표현이 됩니다.

이야기해도 = 話しても

마셔도 = 飲んでも

02 동사의 허락 표현

동사 + 해도 됩니다/좋습니다/괜찮습니다 = 동사て형 + もいいです

'동사ても'에 '좋습니다'라는 뜻의 'いいです'를 연결하면 '동사해도 됩니다, 동사해도 좋습니다, 동사해도 괜찮습니다' 라는 허락 표현이 됩니다.

이야기해도 됩니다. = 話しても いいです。

마셔도 됩니다. = 飲んでも いいです。

03 동사의 허락의 의문문

동사 + 해도 됩니까/좋습니까/괜찮습니까? = 동사て형 + もいいですか?

'동사ても いいです'의 말 끝에 'か'를 붙이면 '동사해도 됩니까?, 동사해도 좋습니까?, 동사해도 괜찮습니까?'하고 동사의 허락을 구하는 의문문이 됩니다.

이야기해도 됩니까? = 話_{はな}しても いいですか?

$$\text{이야기해도 됩니까? = 話しても いいですか?}$$

마셔도 됩니까? = 飲_のんでも いいですか?

문장 구조를 반복해서 연습해 보자.

❶ 사도 됩니다.
買^かってもいいです。

❷ 기다려도 됩니다.
待^まってもいいです。

❸ 만들어도 됩니다.
作^{つく}ってもいいです。

❹ 이야기해도 됩니다.
話^{はな}してもいいです。

❺ 걸어도 됩니다.
歩^{ある}いてもいいです。

❻ 헤엄쳐도 됩니까?
泳^{およ}いでもいいですか?

❼ 줄 서도 됩니까?
並^{なら}んでもいいですか?

❽ 마셔도 됩니까?
飲^のんでもいいですか?

❾ 먹어도 됩니까?
食^たべてもいいですか?

❿ 와도 됩니까?
来^きてもいいですか?

문장 구조를 1초 만에 해석해 보자.

❶ 買<small>か</small>ってもいいです。

....

❷ 待<small>ま</small ってもいいです。

....

❸ 作<small>つく</small>ってもいいです。

....

❹ 話<small>はな</small>してもいいです。

....

❺ 歩<small>ある</small>いてもいいです。

....

❻ 泳<small>およ</small>いでもいいですか？

....

❼ 並<small>なら</small>んでもいいですか？

....

❽ 飲<small>の</small>んでもいいですか？

....

❾ 食<small>た</small>べてもいいですか？

....

❿ 来<small>き</small>てもいいですか？

....

문장 구조를 1초 만에 일본어로 말해 보자.

❶ 사도 됩니다.

....

❷ 기다려도 됩니다.

....

❸ 만들어도 됩니다.

....

❹ 이야기해도 됩니다.

....

❺ 걸어도 됩니다.

....

❻ 헤엄쳐도 됩니까?

....

❼ 줄 서도 됩니까?

....

❽ 마셔도 됩니까?

....

❾ 먹어도 됩니까?

....

❿ 와도 됩니까?

....

응용표현

금요일에/토요일에 + 동사해도 됩니까?
= 金曜日に/土曜日に + 동사 **てもいいですか?**

* 시간을 나타내는 명사에 '~에'란 뜻의 조사 'に'를 붙이면 '시간에'라는 표현이 됩니다. '시간に'에 특정 요일을
  넣어 동사해도 되는지 허락을 구할 수 있습니다.

❄ **문장을 확장해 보자.**

❶ 금요일에 이야기해도 됩니까?   金曜日に 話しても いいですか?

❷ 금요일에 마셔도 됩니까?   金曜日に 飲んでも いいですか?

❸ 금요일에 와도 됩니까?   金曜日に 来ても いいですか?

❹ 금요일에 먹어도 됩니까?   金曜日に 食べても いいですか?

❺ 토요일에 이야기해도 됩니까?   土曜日に 話しても いいですか?

❻ 토요일에 마셔도 됩니까?   土曜日に 飲んでも いいですか?

❼ 토요일에 와도 됩니까?   土曜日に 来ても いいですか?

❽ 토요일에 먹어도 됩니까?   土曜日に 食べても いいですか?

문장 구조를 1초 만에 해석해 보자.

❶ 金曜日に 話しても いいですか？

❺ 土曜日に 話しても いいですか？

❷ 金曜日に 飲んでも いいですか？

❻ 土曜日に 飲んでも いいですか？

❸ 金曜日に 来ても いいですか？

❼ 土曜日に 来ても いいですか？

❹ 金曜日に 食べても いいですか？

❽ 土曜日に 食べても いいですか？

문장 구조를 1초 만에 일본어로 말해 보자.

❶ 금요일에 이야기해도 됩니까？

❺ 토요일에 이야기해도 됩니까？

❷ 금요일에 마셔도 됩니까？

❻ 토요일에 마셔도 됩니까？

❸ 금요일에 와도 됩니까？

❼ 토요일에 와도 됩니까？

❹ 금요일에 먹어도 됩니까？

❽ 토요일에 먹어도 됩니까？

가이드에게 쉬어도 되는지 허락을 구하고 있다. 🎧 MP3 08-02

가이드 ハンさん、行きましょう。

한 씨, 갑시다.

나 私は バスで 休んでも いいですか？

저는 버스에서 쉬어도 되겠습니까？

가이드 どうしてですか？ 왜입니까？

나 足が 痛いです。 다리가 아픕니다.

가이드 はい、休んで ください。

네, 쉬세요.

플러스 단어

足 다리 | **痛いです** 아픕니다

오모시로이 니홍고

고온

고온은 한자로 高温(높을 고, 따뜻할 온)이라고 쓰며, 일본어로는 'こうおん'이라고 발음합니다. こう라고 길게 장음으로 읽는 것과 ん을 충분히 한 박자로 읽어주는 것에 유의하세요.

PART 09

入っては
いけません
들어가서는 안 됩니다

학습 목표

동사 て형을 사용해서 금지 표현을 말할 수 있다.

학습 포인트

☑ 동사 + 해서는 = 동사 て형 + は

☑ 동사 + 해서는 안 됩니다 = 동사 て형 + はいけません

☑ 동사 + 해서는 안 됩니까? = 동사 て형 + はいけませんか？

미리보기 🎧 MP3 09-01

^{はい}入る 들어가다 ┃ ^か買う 사다 ┃ ^の飲む 마시다 ┃ ^ま待つ 기다리다 ┃ ^{つく}作る 만들다 ┃ ^{はな}話す 이야기하다 ┃ ^{ある}歩く 걷다

^{およ}泳ぐ 헤엄치다 ┃ ^{なら}並ぶ 줄 서다 ┃ ^た食べる 먹다 ┃ ^く来る 오다 ┃ ぜったいに 절대로 ┃ する 하다

---

01 동사て형에 접속한 조사 は

동사 + 해서는 = 동사て형 + は

✈ 동사て형에 '~은(는)'이라는 뜻의 조사 'は'를 연결하면 '동사해서는'이라는 표현이 됩니다.

사서는 = 買^かっては

마셔서는 = 飲^のんでは

---

02 동사의 금지 표현

동사 + 해서는 안 됩니다 = 동사て형 + は いけません

✈ '동사ては'에 'いけません'을 연결하면 '동사해서는 안 됩니다'라는 금지 표현이 됩니다.

사서는 안됩니다. = 買^かっては いけません。

마셔서는 안됩니다. = 飲^のんでは いけません。

03 │ 동사의 금지의 의문문

동사 + 해서는 안 됩니까? = 동사て형 + は いけませんか?

✈ '동사ては いけません'의 말 끝에 'か'를 붙이면 '동사해서는 안 됩니까?'하고 동사의 금지를 묻
는 의문문이 됩니다.

사서는 안 됩니까? = 買っては いけませんか?

마셔서는 안 됩니까? = 飲んでは いけませんか?

문장 구조를 반복해서 연습해 보자.

❶ 사서는 안 됩니다.
<ruby>買<rt>か</rt></ruby>っては いけません。

❷ 기다려서는 안 됩니다.
<ruby>待<rt>ま</rt></ruby>っては いけません。

❸ 만들어서는 안 됩니다.
<ruby>作<rt>つく</rt></ruby>っては いけません。

❹ 이야기해서는 안 됩니다.
<ruby>話<rt>はな</rt></ruby>しては いけません。

❺ 걸어서는 안 됩니다.
<ruby>歩<rt>ある</rt></ruby>いては いけません。

❻ 헤엄쳐서는 안 됩니까?
<ruby>泳<rt>およ</rt></ruby>いでは いけませんか?

❼ 줄 서서는 안 됩니까?
<ruby>並<rt>なら</rt></ruby>んでは いけませんか?

❽ 마셔서는 안 됩니까?
<ruby>飲<rt>の</rt></ruby>んでは いけませんか?

❾ 먹어서는 안 됩니까?
<ruby>食<rt>た</rt></ruby>べては いけませんか?

❿ 와서는 안 됩니까?
<ruby>来<rt>き</rt></ruby>ては いけませんか?

문장 구조를 1초 만에 해석해 보자.

① 買ってはいけません。
か

② 待ってはいけません。
ま

③ 作ってはいけません。
つく

④ 話してはいけません。
はな

⑤ 歩いてはいけません。
ある

⑥ 泳いではいけませんか?
およ

⑦ 並んではいけませんか?
なら

⑧ 飲んではいけませんか?
の

⑨ 食べてはいけませんか?
た

⑩ 来てはいけませんか?
き

문장 구조를 1초 만에 일본어로 말해 보자.

① 사서는 안 됩니다.

② 기다려서는 안 됩니다.

③ 만들어서는 안 됩니다.

④ 이야기해서는 안 됩니다.

⑤ 걸어서는 안 됩니다.

⑥ 헤엄쳐서는 안 됩니까?

⑦ 줄 서서는 안 됩니까?

⑧ 마셔서는 안 됩니까?

⑨ 먹어서는 안 됩니까?

⑩ 와서는 안 됩니까?

응용표현

절대로 + 동사해서는 안 됩니다/안 됩니까?

= ぜったいに + 동사**てはいけません/いけませんか?**

* '절대로'라는 뜻의 'ぜったいに'를 이용하여 완강한 금지 사항에 대해 이야기하거나 물을 수 있습니다.

 문장을 확장해 보자.

❶ 절대로 사서는 안 됩니다.　　　　ぜったいに 買<small>か</small>っては いけません。

❷ 절대로 마셔서는 안 됩니다.　　　　ぜったいに 飲<small>の</small>んでは いけません。

❸ 절대로 해서는 안 됩니다.　　　　　ぜったいに しては いけません。

❹ 절대로 헤엄쳐서는 안 됩니다.　　　ぜったいに 泳<small>およ</small>いでは いけません。

❺ 절대로 먹어서는 안 됩니까?　　　　ぜったいに 食<small>た</small>べては いけませんか?

❻ 절대로 이야기해서는 안 됩니까?　　ぜったいに 話<small>はな</small>しては いけませんか?

❼ 절대로 걸어서는 안 됩니까?　　　　ぜったいに 歩<small>ある</small>いては いけませんか?

❽ 절대로 만들어서는 안 됩니까?　　　ぜったいに 作<small>つく</small>っては いけませんか?

문장 구조를 1초 만에 해석해 보자.

❶ ぜったいに 買っては いけません。

....

❷ ぜったいに 飲んでは いけません。

....

❸ ぜったいに しては いけません。

....

❹ ぜったいに 泳いでは いけません。

....

❺ ぜったいに 食べては いけませんか?

....

❻ ぜったいに 話しては いけませんか?

....

❼ ぜったいに 歩いては いけませんか?

....

❽ ぜったいに 作っては いけませんか?

....

문장 구조를 1초 만에 일본어로 말해 보자.

❶ 절대로 사서는 안 됩니다.

....

❷ 절대로 마셔서는 안 됩니다.

....

❸ 절대로 해서는 안 됩니다.

....

❹ 절대로 헤엄쳐서는 안 됩니다.

....

❺ 절대로 먹어서는 안 됩니까?

....

❻ 절대로 이야기해서는 안 됩니까?

....

❼ 절대로 걸어서는 안 됩니까?

....

❽ 절대로 만들어서는 안 됩니까?

....

가이드가 출입 금지 지역에 대해 말하고 있다. 🎧 MP3 09-02

나 すみません。ここは 入^{はい}ってはいけませんか？

실례합니다. 여기는 들어가서는 안 됩니까?

가이드 どこですか？　어디말입니까?

나 ここです。　여기입니다.

가이드 あ! そこは ぜったいに

入^{はい}っては いけません。

아! 거기는 절대로 들어가서는 안 됩니다.

나 あ、そうですか？　아, 그렇습니까?

플러스 단어

入る^{はい} 들어가다

오모시로이 니홍고

지식

지식은 한자로 知識(알 지, 알 식)이라고 쓰며, 일본어로는 'ちしき'라고 발음합니다. 짧게 ち라고 읽어 주는 것에 유의하세요.

PART 10

どこで 飲んで いますか?

어디서 마시고 있습니까?

학습 목표

다양한 의문사를 이용하여 질문을 할 수 있다.

학습 포인트

 어디서 ~까? = どこで + か?   누구와 ~까? = だれと + か?

무엇을 ~까? = 何を + か?   언제 ~까? = いつ + か?

미리보기 🎧 MP3 10-01

飲む 마시다 | 食べる 먹다 | 作る 만들다 | 休む 쉬다 | 買う 사다 | 遊ぶ 놀다 | 書く 쓰다 | 話す 이야기하다

01 장소를 묻는 의문문

어디서 ~까? = どこで + か?

✈ 장소를 묻는 의문사 'どこで'를 사용하여 의문문을 만들 수 있습니다.

어디서 마시고 있습니까? = どこで 飲^のんで いますか?

02 인물을 묻는 의문문

누구와 ~까? = だれと + か?

✈ 인물을 묻는 의문사 'だれと'를 사용하여 의문문을 만들 수 있습니다.

누구와 먹고 있었습니까? = だれと 食^たべて いましたか?

03 | 대상을 묻는 의문문

무엇을 ~까? = 何を + か?

대상을 묻는 의문사 '何を'를 사용하여 의문문을 만들 수 있습니다.

무엇을 만들어 주면 좋겠습니까? = 何を 作って ほしいですか?

04 | 시기를 묻는 의문문

언제 ~까? = いつ + か?

시기를 묻는 의문사 'いつ'를 사용하여 의문문을 만들 수 있습니다.

언제 쉬어도 됩니까? = いつ 休んでも いいですか?

문장 구조를 반복해서 연습해 보자.

❶ 어디서 사 주면 좋겠습니까?　　　どこで 買って ほしいですか?

❷ 어디서 놀아서는 안 됩니까?　　　どこで 遊んでは いけませんか?

❸ 무엇을 마시고 있습니까?　　　何を 飲んで いますか?

❹ 무엇을 만들어 주면 좋겠습니까?　　　何を 作って ほしいですか?

❺ 무엇을 써 보았습니까?　　　何を 書いて みましたか?

❻ 누구와 먹고 있었습니까?　　　だれと 食べて いましたか?

❼ 누구와 이야기해 보았습니까?　　　だれと 話して みましたか?

❽ 언제 쉬어도 됩니까?　　　いつ 休んでも いいですか?

❾ 언제 이야기해 보겠습니까?　　　いつ 話して みますか?

❿ 언제 사 주면 좋겠습니까?　　　いつ 買って ほしいですか?

문장 구조를 1초 만에 해석해 보자.

❶ どこで 買って ほしいですか?
....

❷ どこで 遊んでは いけませんか?
....

❸ 何を 飲んで いますか?
....

❹ 何を 作って ほしいですか?
....

❺ 何を 書いて みましたか?
....

❻ だれと 食べて いましたか?
....

❼ だれと 話して みましたか?
....

❽ いつ 休んでも いいですか?
....

❾ いつ 話して みますか?
....

❿ いつ 買って ほしいですか?
....

문장 구조를 1초 만에 일본어로 말해 보자.

❶ 어디서 사 주면 좋겠습니까?
....

❷ 어디서 놀아서는 안 됩니까?
....

❸ 무엇을 마시고 있습니까?
....

❹ 무엇을 만들어 주면 좋겠습니까?
....

❺ 무엇을 써 보았습니까?
....

❻ 누구와 먹고 있었습니까?
....

❼ 누구와 이야기해 보았습니까?
....

❽ 언제 쉬어도 됩니까?
....

❾ 언제 이야기해 보겠습니까?
....

❿ 언제 사 주면 좋겠습니까?
....

응용표현

어디서/누구와/무엇을/언제 + 동사하고 있습니까?/동사하면 좋겠습니까?

= どこで/だれと/何_{なに}を/いつ + 동사て いますか?/동사て ほしいですか?

* 추가적으로 동사의 진행 표현과 희망 표현을 의문사와 써 보는 연습을 해 봅시다.

❄ 문장을 확장해 보자.

❶ 누구와 마시고 있습니까?

だれと 飲_のんで いますか?

----

❷ 언제 마시고 있었습니까?

いつ 飲_のんで いましたか?

----

❸ 어디서 마시고 있습니까?

どこで 飲_のんで いますか?

----

❹ 무엇을 마시고 있습니까?

何_{なに}を 飲_のんで いますか?

----

❺ 누구와 사 주면 좋겠습니까?

だれと 買_かって ほしいですか?

----

❻ 언제 사 주면 좋겠습니까?

いつ 買_かって ほしいですか?

----

❼ 어디서 사 주면 좋겠습니까?

どこで 買_かって ほしいですか?

----

❽ 무엇을 사 주면 좋겠습니까?

何_{なに}を 買_かって ほしいですか?

문장 구조를 1초 만에 해석해 보자.

❶ だれと 飲んで いますか?

❺ だれと 買って ほしいですか?

❷ いつ 飲んで いましたか?

❻ いつ 買って ほしいですか?

❸ どこで 飲んで いますか?

❼ どこで 買って ほしいですか?

❹ 何を 飲んで いますか?

❽ 何を 買って ほしいですか?

 문장 구조를 1초 만에 일본어로 말해 보자.

❶ 누구와 마시고 있습니까?

❺ 누구와 사 주면 좋겠습니까?

❷ 언제 마시고 있었습니까?

❻ 언제 사 주면 좋겠습니까?

❸ 어디서 마시고 있습니까?

❼ 어디서 사 주면 좋겠습니까?

❹ 무엇을 마시고 있습니까?

❽ 무엇을 사 주면 좋겠습니까?

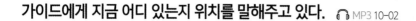

가이드에게 지금 어디 있는지 위치를 말해주고 있다. 🎧 MP3 10-02

가이드   もしもし、ハンさん？   여보세요, 한 씨?

나   はい。   네.

가이드   いま、どこですか?   지금, 어디입니까?

나   お土産を買っています。

기념품을 사고 있습니다.

가이드   どこで買っていますか?
私がそこに行きます。

어디에서 사고 있습니까? 제가 거기로 가겠습니다.

플러스 단어

もしもし 여보세요 | **お土産** 기념품

오모시로이 니홍고

오사카/교토

오사카는 일본 관서지방의 최대 도시입니다. 예부터 상업, 물류의 중심지로 많은 사람과 물자가 드나들던 곳으로 음식 문화가 발달된 곳으로도 유명하지요. 먹을 거리, 볼거리가 많은 오사카와 더불어 일본의 역사와 전통이 남아있는 교토도 관서지방의 추천 여행지입니다. 세계 문화 유산만 17가지를 보유하고 있는 도시이지요.

✎ PART 06에서 PART 10까지 배웠던 문형을 복습해 봅시다.

PART 06 待^まってください

• 동사＋해 줘 = 동사て형　　• 동사＋해 주세요 = 동사て형＋**ください**

PART 07 待^まってほしいです

• 바랍니다/원합니다/갖고 싶습니다 = **ほしいです**

• 동사＋해 주면 좋겠습니다 = 동사て형＋**ほしいです**

• 동사＋해 주길 바랐습니다 = 동사て형＋**ほしかったです**

PART 08 休^{やす}んでもいいですか?

• 동사＋해도 = 동사て형＋**も**

• 동사＋해도 됩니다/좋습니다/괜찮습니다 = 동사て형＋**もいいです**

• 동사＋해도 됩니까/좋습니까/괜찮습니까? = 동사て형＋**もいいですか?**

PART 09 入^{はい}ってはいけません

• 동사＋해서는 = 동사て형＋**は**

• 동사＋해서는 안 됩니다 = 동사て형＋**はいけません**

• 동사＋해서는 안 됩니까? = 동사て형＋**はいけませんか?**

PART 10 どこで飲^のんでいますか?

• 어디서 ~까? = **どこで**＋**か?**　　　• 누구와 ~까? = **だれと**＋**か?**

• 무엇을 ~까? = **何^{なに}を**＋**か?**　　　• 언제 ~까? = **いつ**＋**か?**

앞에서 배웠던 문형에 추가 단어들을 적용해 연습해 봅시다.

읽는 법	한자	품사	뜻
よぶ	呼ぶ	동사	부르다
すすむ	進む	동사	나아가다, 진행하다
はたらく	働く	동사	일하다
うごく	動く	동사	움직이다
いそぐ	急ぐ	동사	서두르다
かつ	勝つ	동사	이기다
わかれる	別れる	동사	헤어지다
あきらめる	諦める	동사	포기하다
かたづける	片付ける	동사	정리하다
いう	言う	동사	말하다
とまる	泊まる	동사	묵다

읽는 법	한자	품사	뜻
うけいれる	受け入れる	동사	받아들이다
かえる	変える	동사	바꾸다
まかせる	任せる	동사	맡기다
あわせる	合わせる	동사	맞추다
みせる	見せる	동사	보여주다
はっぴょうする	発表する	동사	발표하다
まねする	真似する	동사	따라 하다
しょうたいする	招待する	동사	초대하다
かせぐ	稼ぐ	동사	벌다
ごうかくする	合格する	동사	합격하다

읽는 법	한자	품사	뜻
すいせんする	推薦する	동사	추천하다
きく	聞く	동사	듣다, 묻다
なくす	無くす	동사	없애다, 잃어버리다
かさねる	重ねる	동사	포개다, 겹치다
ちこくする	遅刻する	동사	지각하다
ぬぐ	脱ぐ	동사	벗다
おす	押す	동사	누르다, 밀다
サボる		동사	게으름 피우다, 땡땡이치다
むしする	無視する	동사	무시하다
さけぶ	叫ぶ	동사	외치다

PART 11

簡単で
おいしいです
간단하고 맛있습니다

🔆 학습 목표

형용사의 연결형을 말할 수 있다.

🔆 학습 포인트

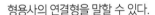

☑ な형용사하고 = な형용사 어간 + で   ☑ い형용사고 = い형용사 어간 + くて

☑ な형용사하고 + い형용사습니다 = な형용사 어간で + い형용사です

い형용사고 + な형용사합니다 = い형용사 어간くて + な형용사です

🔆 미리보기 🎧 MP3 11-01

簡単^{かんたん}です 간단합니다 | おいしいです 맛있습니다 | 楽^{らく}です 편합니다 | うるさいです 시끄럽습니다

便利^{べんり}です 편리합니다 | 早^{はや}いです (시간이)빠릅니다 | 有名^{ゆうめい}です 유명합니다 | 親切^{しんせつ}です 친절합니다

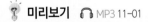

おもしろいです 재미있습니다 | 速^{はや}いです (속도가)빠릅니다 | カップめん 컵라면

01 | な형용사 연결형

な형용사하고 = **な**형용사 어간 + で

✈ 어간이란 품사 활용 시에 변하지 않는 부분으로 말 끝의 앞 부분을 말합니다. '**な**형용사です' 에서 변하는 부분인 'です'를 떼고 어간에 'で'를 붙이면 '**な**형용사하고'라는 연결형이 됩니다.

간단하고 = 簡単で

편하고 = 楽で

02 | い형용사 연결형

い형용사고 = **い**형용사 어간 + くて

✈ い형용사의 'いです'를 떼고 어간에 'くて'를 붙이면 'い형용사고'라는 연결형이 됩니다.

맛있고 = おいしくて

시끄럽고 = うるさくて

03 | 형용사 연결형을 사용한 문장

な형용사하고 + **い**형용사습니다 = **な**형용사 어간で + **い**형용사です

い형용사고 + **な**형용사합니다 = **い**형용사 어간くて + **な**형용사です

각 형용사의 연결형을 활용하여 형용사 문장끼리 연결할 수 있습니다.

편리하고 빠릅니다. = 便利^{べんり}で 早^{はや}いです。

빠르고 편리합니다. = 早^{はや}くて 便利^{べんり}です。

문장 구조를 반복해서 연습해 보자.

❶ 간단하고 편리합니다.　　　　　　　_{かんたん} _{べんり}
　　　　　　　　　　　　　　　　　　簡単で 便利です。

❷ 편리하고 간단합니다.　　　　　　　_{べんり} _{かんたん}
　　　　　　　　　　　　　　　　　　便利で 簡単です。

❸ 유명하고 맛있습니다.　　　　　　　_{ゆうめい}
　　　　　　　　　　　　　　　　　　有名で おいしいです。

❹ 편리하고 빠릅니다.　　　　　　　　_{べんり} _{はや}
　　　　　　　　　　　　　　　　　　便利で 早いです。

❺ 친절하고 재밌습니다.　　　　　　　_{しんせつ}
　　　　　　　　　　　　　　　　　　親切で おもしろいです。

❻ 맛있고 빠릅니다.　　　　　　　　　_{はや}
　　　　　　　　　　　　　　　　　　おいしくて 早いです。

❼ 빠르고 맛있습니다.　　　　　　　　_{はや}
　　　　　　　　　　　　　　　　　　早くて おいしいです。

❽ 재미있고 간단합니다.　　　　　　　_{かんたん}
　　　　　　　　　　　　　　　　　　おもしろくて 簡単です。

❾ 빠르고 편리합니다.　　　　　　　　_{はや} _{べんり}
　　　　　　　　　　　　　　　　　　早くて 便利です。

❿ 재미있고 친절합니다.　　　　　　　_{しんせつ}
　　　　　　　　　　　　　　　　　　おもしろくて 親切です。

문장 구조를 1초 만에 해석해 보자.

❶ 簡単で 便利です。
かんたん　べんり
....

❷ 便利で 簡単です。
べんり　かんたん
....

❸ 有名で おいしいです。
ゆうめい
....

❹ 便利で 早いです。
べんり　はや
....

❺ 親切で おもしろいです。
しんせつ
....

❻ おいしくて 早いです。
はや
....

❼ 早くて おいしいです。
はや
....

❽ おもしろくて 簡単です。
かんたん
....

❾ 早くて 便利です。
はや　べんり
....

❿ おもしろくて 親切です。
しんせつ
....

문장 구조를 1초 만에 일본어로 말해 보자.

❶ 간단하고 편리합니다.
....

❷ 편리하고 간단합니다.
....

❸ 유명하고 맛있습니다.
....

❹ 편리하고 빠릅니다.
....

❺ 친절하고 재밌습니다.
....

❻ 맛있고 빠릅니다.
....

❼ 빠르고 맛있습니다.
....

❽ 재미있고 간단합니다.
....

❾ 빠르고 편리합니다.
....

❿ 재미있고 친절합니다.
....

응용표현

명사 + 은(는) + 형용사하고 형용사합니다

= 명사 + は + 형용사で/くて 형용사です

* 형용사의 연결문 앞에 명사와 조사 'は'를 접속해 명사에 대해 설명할 수 있습니다.

❋ 문장을 확장해 보자.

❶ 택시는 편리하고 빠릅니다.　　　タクシーは 便利で 速いです。

❷ 택시는 빠르고 편리합니다.　　　タクシーは 速くて 便利です。

❸ 택시는 친절하고 빠릅니다.　　　タクシーは 親切で 速いです。

❹ 택시는 빠르고 친절합니다.　　　タクシーは 速くて 親切です。

❺ 컵라면은 간단하고 맛있습니다.　　　カップめんは 簡単で おいしいです。

❻ 컵라면은 맛있고 간단합니다.　　　カップめんは おいしくて 簡単です。

❼ 컵라면은 빠르고 맛있습니다.　　　カップめんは 早くて おいしいです。

❽ 컵라면은 맛있고 빠릅니다.　　　カップめんは おいしくて 早いです。

문장 구조를 1초 만에 해석해 보자.

❶ タクシーは 便利で 速いです。

❺ カップめんは 簡単で おいしいです。

❷ タクシーは 速くて 便利です。

❻ カップめんは おいしくて 簡単です。

❸ タクシーは 親切で 速いです。

❼ カップめんは 早くて おいしいです。

❹ タクシーは 速くて 親切です。

❽ カップめんは おいしくて 早いです。

 문장 구조를 1초 만에 일본어로 말해 보자.

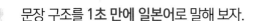

❶ 택시는 편리하고 빠릅니다.

❺ 컵라면은 간단하고 맛있습니다.

❷ 택시는 빠르고 편리합니다.

❻ 컵라면은 맛있고 간단합니다.

❸ 택시는 친절하고 빠릅니다.

❼ 컵라면은 빠르고 맛있습니다.

❹ 택시는 빠르고 친절합니다.

❽ 컵라면은 맛있고 빠릅니다.

기념품을 쇼핑하고 있다. 🎧 MP3 11-02

점원 いらっしゃいませ。　어서 오세요.

나 お土産を 買いたいですが。　기념품을 사고 싶습니다만.

점원 これは どうですか?

安くて おいしいですよ。

이것은 어떻습니까? 싸고 맛있어요.

나 あ、そうですか? それ 二つ ください。

아, 그렇습니까? 그거 두 개 주세요.

점원 はい、ありがとうございます。　네, 감사합니다.

플러스 단어

お土産 기념품 | **安いです** 쌉니다 | **二つ** 두 개

오모시로이 니홍고

가구

가구는 한자로 家具(집 가, 갖출 구)라고 쓰며, 일본어로는 'かぐ'라고 발음합니다. か와 ぐ 모두 짧게 읽어주는 것에 유의하세요.

PART 12

買_かえる

살 수 있다

 학습 목표

동사의 원형에서 가능 표현을 만들 수 있다.

학습 포인트

☑ 3그룹 동사의 가능형   ☑ 2그룹 동사의 가능형

☑ 1그룹 동사의 가능형   ☑ 예외 1그룹 동사의 가능형

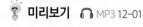 **미리보기** 🎧 MP3 12-01

買う 사다 | する 하다 | 来_くる 오다 | 見_みる 보다 | 食_たべる 먹다 | 読_よむ 읽다 | 作_{つく}る 만들다

帰_{かえ}る 돌아가다 | 走_{はし}る 달리다 | 泳_{およ}ぐ 헤엄치다 | 並_{なら}ぶ 줄 서다 | 飲_のむ 마시다

起_おきる 일어나다 | 寝_ねる 자다 | しゃべる 수다 떨다 | 日本_{にほん} 일본 | お酒_{さけ} 술 | 韓国_{かんこく} 한국

01 | 3그룹 동사의 가능형

できる, 来(こ)られる

✈ 3그룹 동사의 가능형은 불규칙적으로 활용됩니다. する는 '할 수 있다'라는 'できる', 来る는 '올 수 있다'라는 '来(こ)られる' 2개뿐이니 암기하도록 합시다.

하다 ⇒ 할수있다 = **する** ⇒ できる
┈┈┈┈┈┈┈┈┈┈┈┈┈┈┈┈┈┈┈┈┈┈┈┈┈┈┈┈┈┈
오다 ⇒ 올수있다 = **来(く)る** ⇒ **来(こ)られる**
┈┈┈┈┈┈┈┈┈┈┈┈┈┈┈┈┈┈┈┈┈┈┈┈┈┈┈┈┈┈

02 | 2그룹 동사의 가능형

る + られる

✈ 2그룹 동사의 가능형은 말 끝의 る를 떼고 られる를 붙여서 '동사할 수 있다'라는 표현이 됩니다.

보다 ⇒ 볼수있다 = **見(み)る** ⇒ **見(み)られる**
┈┈┈┈┈┈┈┈┈┈┈┈┈┈┈┈┈┈┈┈┈┈┈┈┈┈┈┈┈┈
먹다 ⇒ 먹을수있다 = **食(た)べる** ⇒ **食(た)べられる**
┈┈┈┈┈┈┈┈┈┈┈┈┈┈┈┈┈┈┈┈┈┈┈┈┈┈┈┈┈┈

う단 → え단 + る

✈ 1그룹 동사의 가능형은 끝 글자를 え단으로 바꾸고 る를 붙여서 '동사할 수 있다'라는 표현을 만듭니다. 가능형으로 바꾼 동사는 예외 없이 2그룹 동사가 되기 때문에 **ます**형, **ない**형, 다형, **て**형으로 바꿀 때는 2그룹 동사의 규칙에 따라 바꿉니다.

읽다 ⇒ 읽을 수 있다 = 読む ⇒ 読める

만들다 ⇒ 만들 수 있다 = 作る ⇒ 作れる

る → え단 + る

✈ 예외 1그룹 동사도 마찬가지로 1그룹의 규칙에 따라 가능형을 만듭니다.

돌아가다 ⇒ 돌아갈 수 있다 = 帰る ⇒ 帰れる

달리다 ⇒ 달릴 수 있다 = 走る ⇒ 走れる

✿ 동사의 원형과 가능형을 **반복해서 연습**해 보자.

❶ 사다 買^かう 살 수 있다 買^かえる

❷ 헤엄치다 泳^{およ}ぐ 헤엄칠 수 있다 泳^{およ}げる

❸ 줄 서다 並^{なら}ぶ 줄 설 수 있다 並^{なら}べる

❹ 마시다 飲^のむ 마실 수 있다 飲^のめる

❺ 일어나다 起^おきる 일어날 수 있다 起^おきられる

❻ 자다 寝^ねる 잘 수 있다 寝^ねられる

❼ 하다 する 할 수 있다 できる

❽ 오다 来^くる 올 수 있다 来^こられる

❾ 수다 떨다 しゃべる 수다 떨 수 있다 しゃべれる

❿ 달리다 走^{はし}る 달릴 수 있다 走^{はし}れる

동사의 뜻을 1초 만에 말해 보자.

❶ 買える
か

❷ 泳げる
およ

❸ 並べる
なら

❹ 飲める
の

❺ 起きられる
お

❻ 寝られる
ね

❼ できる

❽ 来られる
こ

❾ しゃべれる

❿ 走れる
はし

동사를 1초 만에 일본어로 말해 보자.

❶ 살 수 있다

❷ 헤엄칠 수 있다

❸ 줄 설 수 있다

❹ 마실 수 있다

❺ 일어날 수 있다

❻ 잘 수 있다

❼ 할 수 있다

❽ 올 수 있다

❾ 수다 떨 수 있다

❿ 달릴 수 있다

응용표현

명사 + 에서는 + 명사 + 을(를) + 동사할 수 있다

= 명사 + では + 명사 + が + 동사가능형

* 가능형으로 바꾼 동사는 대상을 나타낼 때 '~을(를)'에 해당하는 조사로 항상 'が'를 써야 합니다.

❄ 문장을 확장해 보자.

❶ 일본에서는 술을 살 수 있다.　　　　　　日本では お酒が 買える。

❷ 일본에서는 술을 살 수 있었습니다.　　　日本では お酒が 買えました。

❸ 일본에서는 술을 살 수 없습니까?　　　　日本では お酒が 買えませんか?

❹ 일본에서는 술을 살 수 있었다.　　　　　日本では お酒が 買えた。

❺ 한국에서는 술을 마실 수 있다.　　　　　韓国では お酒が 飲める。

❻ 한국에서는 술을 마실 수 있었습니다.　　韓国では お酒が 飲めました。

❼ 한국에서는 술을 마실 수 없습니까?　　　韓国では お酒が 飲めませんか?

❽ 한국에서는 술을 마실 수 있었다.　　　　韓国では お酒が 飲めた。

문장 구조를 1초 만에 해석해 보자.

❶ 日本では お酒が 買える。
にほん　　さけ　か
....

❷ 日本では お酒が 買えました。
にほん　　さけ　か
....

❸ 日本では お酒が 買えませんか?
にほん　　さけ　か
....

❹ 日本では お酒が 買えた。
にほん　　さけ　か
....

❺ 韓国では お酒が 飲める。
かんこく　　さけ　の
....

❻ 韓国では お酒が 飲めました。
かんこく　　さけ　の
....

❼ 韓国では お酒が 飲めませんか?
かんこく　　さけ　の
....

❽ 韓国では お酒が 飲めた。
かんこく　　さけ　の
....

문장 구조를 1초 만에 일본어로 말해 보자.

❶ 일본에서는 술을 살 수 있다.
....

❷ 일본에서는 술을 살 수 있었습니다.
....

❸ 일본에서는 술을 살 수 없습니까?
....

❹ 일본에서는 술을 살 수 있었다.
....

❺ 한국에서는 술을 마실 수 있다.
....

❻ 한국에서는 술을 마실 수 있었습니다.
....

❼ 한국에서는 술을 마실 수 없습니까?
....

❽ 한국에서는 술을 마실 수 있었다.
....

어디서 김치를 살 수 있는지 묻고 있다. 🎧 MP3 12-02

나 日本^{にほん}では どこで 김치(キムチ)が 買^かえますか？

일본에서는 어디에서 김치를 살 수 있습니까?

가이드 キムチですか？　　김치말입니까?

나 はい。　　네.

가이드 スーパーと デパートで 買^かえます。

슈퍼마켓과 백화점에서 살 수 있습니다.

나 あ、近^{ちか}い スーパーは どこですか？

아, 가까운 슈퍼마켓은 어디입니까?

가이드 あそこです。　　저기입니다.

플러스 단어

キムチ 김치 ｜ **スーパー** 슈퍼마켓 ｜ **デパート** 백화점 ｜ **近^{ちか}い** 가깝다

오모시로이 니홍고

삼각

삼각은 한자로 三角(석 삼, 뿔 각)이라고 쓰며, 일본어로는 'さんかく'라고 발음합니다. ん을 충분히 한 박자로 읽어주는 것에 유의하세요.

PART 13

話せる ように なりました
<small>はな</small>

이야기할 수 있게 되었습니다

 학습 목표

동사가능형을 사용해서 변화 표현을 말할 수 있다.

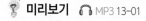 **학습 포인트**

☑ 동사 + 할 수 있게 됩니다 = 동사가능형 + **ようになります**

☑ 동사 + 할 수 있게 되었습니다 = 동사가능형 + **ようになりました**

미리보기 🎧 MP3 13-01

話す<small>はな</small>이야기하다 | **食べる**<small>た</small>먹다 | **買う**<small>か</small>사다 | **する**하다 | **先生**<small>せんせい</small>선생님 | **おかげで**덕분에

01 | 동사의 현재 변화 표현

동사 + 할 수 있게 됩니다 = 동사가능형 + ように なります

✈ 동사가능형 뒤에 '~하게 됩니다'라는 뜻의 'ように なります'를 연결하면 '동사할 수 있게 됩니다'라는 변화 표현이 됩니다.

이야기할 수 있게 됩니다. = 話(はな)せる ように なります.

먹을 수 있게 됩니다. = 食(た)べられる ように なります.

살 수 있게 됩니다. = 買(か)える ように なります.

할 수 있게 됩니다. = できる ように なります.

동사 + 할 수 있게 되었습니다 = 동사가능형 + ように なりました

동사가능형 뒤에 '~하게 되었습니다'라는 뜻의 '**ように なりました**'를 연결하면 '동사할 수 있게 되었습니다'라는 변화의 완료 표현이 됩니다.

이야기할 수 있게 되었습니다. = 話せる ように なりました。

먹을 수 있게 되었습니다. = 食べられる ように なりました。

살 수 있게 되었습니다. = 買える ように なりました。

할 수 있게 되었습니다. = できる ように なりました。

문장 구조를 반복해서 연습해 보자.

❶ 살 수 있게 됩니다.

買<small>か</small>える ように なります。

❷ 기다릴 수 있게 됩니다.

待<small>ま</small>てる ように なります。

❸ 만들 수 있게 됩니다.

作<small>つく</small>れる ように なります。

❹ 걸을 수 있게 됩니다.

歩<small>ある</small>ける ように なります。

❺ 할 수 있게 됩니다.

できる ように なります。

❻ 헤엄칠 수 있게 되었습니다.

泳<small>およ</small>げる ように なりました。

❼ 줄 설 수 있게 되었습니다.

並<small>なら</small>べる ように なりました。

❽ 마실 수 있게 되었습니다.

飲<small>の</small>める ように なりました。

❾ 먹을 수 있게 되었습니다.

食<small>た</small>べられる ように なりました。

❿ 올 수 있게 되었습니다.

来<small>こ</small>られる ように なりました。

문장 구조를 1초 만에 해석해 보자.

❶ 買えるようになります。

❷ 待てるようになります。

❸ 作れるようになります。

❹ 歩けるようになります。

❺ できるようになります。

❻ 泳げるようになりました。

❼ 並べるようになりました。

❽ 飲めるようになりました。

❾ 食べられるようになりました。

❿ 来られるようになりました。

문장 구조를 1초 만에 일본어로 말해 보자.

❶ 살 수 있게 됩니다.

❷ 기다릴 수 있게 됩니다.

❸ 만들 수 있게 됩니다.

❹ 걸을 수 있게 됩니다.

❺ 할 수 있게 됩니다.

❻ 헤엄칠 수 있게 되었습니다.

❼ 줄 설 수 있게 되었습니다.

❽ 마실 수 있게 되었습니다.

❾ 먹을 수 있게 되었습니다.

❿ 올 수 있게 되었습니다.

응용하기

응용표현

명사 + (의) 덕분에 + 동사할 수 있게 되었습니다

= 명사 + の おかげで + 동사ようになりました

* 명사와 '덕분에'를 뜻하는 'おかげで' 사이에 조사 'の'를 넣어 '명사(의) 덕분에'라는 표현을 만든 뒤 동사의 변화 표현을 연결시킬 수 있습니다.

문장을 확장해 보자.

❶ 선생님(의) 덕분에 이야기할 수 있게 되었습니다. 先生の おかげで 話せる ように なりました。

❷ 선생님(의) 덕분에 먹을 수 있게 되었습니다. 先生の おかげで 食べられる ように なりました。

❸ 선생님(의) 덕분에 할 수 있게 되었습니다. 先生の おかげで できる ように なりました。

❹ 선생님(의) 덕분에 걸을 수 있게 되었습니다. 先生の おかげで 歩ける ように なりました。

❺ 선생님(의) 덕분에 헤엄칠 수 있게 되었습니다. 先生の おかげで 泳げる ように なりました。

❻ 선생님(의) 덕분에 마실 수 있게 되었습니다. 先生の おかげで 飲める ように なりました。

❼ 선생님(의) 덕분에 만들 수 있게 되었습니다. 先生の おかげで 作れる ように なりました。

❽ 선생님(의) 덕분에 달릴 수 있게 되었습니다. 先生の おかげで 走れる ように なりました。

문장 구조를 1초 만에 해석해 보자.

① 先生の おかげで 話せる ように なりました。
　　せんせい　　　　　　はな

② 先生の おかげで 食べられる ように なりました。
　　せんせい　　　　　　た

③ 先生の おかげで できる ように なりました。
　　せんせい

④ 先生の おかげで 歩ける ように なりました。
　　せんせい　　　　　　ある

⑤ 先生の おかげで 泳げる ように なりました。
　　せんせい　　　　　　およ

⑥ 先生の おかげで 飲める ように なりました。
　　せんせい　　　　　　の

⑦ 先生の おかげで 作れる ように なりました。
　　せんせい　　　　　　つく

⑧ 先生の おかげで 走れる ように なりました。
　　せんせい　　　　　　はし

문장 구조를 1초 만에 일본어로 말해 보자.

① 선생님(의) 덕분에 이야기할 수 있게 되었습니다.

② 선생님(의) 덕분에 먹을 수 있게 되었습니다.

③ 선생님(의) 덕분에 할 수 있게 되었습니다.

④ 선생님(의) 덕분에 걸을 수 있게 되었습니다.

⑤ 선생님(의) 덕분에 헤엄칠 수 있게 되었습니다.

⑥ 선생님(의) 덕분에 마실 수 있게 되었습니다.

⑦ 선생님(의) 덕분에 만들 수 있게 되었습니다.

⑧ 선생님(의) 덕분에 달릴 수 있게 되었습니다.

외국어를 잘할 수 있는 비결에 대해 묻고 있다. 🎧 MP3 13-02

나	韓国語、上手ですね。　한국어, 잘하시네요.
가이드	あ、本当ですか？ どうも。　아, 정말입니까? 감사합니다.
나	はい、本当に 上手です。　네, 정말 잘합니다.
가이드	韓国語の 先生の おかげで (韓国語で) 話せるように なりました。 한국어 선생님 덕분에 (한국어로) 이야기할 수 있게 되었습니다.
나	どんな 先生ですか？　어떤 선생님입니까?
가이드	親切で かわいい 先生です。　친절하고 귀여운 선생님입니다.

플러스 단어

韓国語 한국어 | **上手だ** 잘하다 | **本当だ** 정말이다 | **どうも** 감사합니다

오모시로이 니홍고

초과

초과는 한자로 超過(뛰어넘을 초, 지날 과)라고 쓰며, 일본어로는 'ちょうか'라고 발음합니다. ちょう라고 길게 장음으로 읽는 것에 유의하세요.

PART 14

日本語が上手です
にほんご じょうず

일본어를 잘합니다

 학습 목표

목적격조사로 **が**를 쓰는 기호와 능력의 표현을 말할 수 있다.

 학습 포인트

☑ 명사을(를) + 좋아합니다/싫어합니다 = 명사**が** + **好きです**/**きらいです**
す

☑ 명사을(를) + 잘합니다/못합니다/동사할 수 있습니다
= 명사**が** + **上手です**/**下手です**/동사가능형
じょうず へた

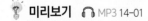 **미리보기** 🎧 MP3 14-01

上手だ 잘하다, 능숙하다 │ **好きだ** 좋아하다 │ **なっとう** 낫토 │ **デパート** 백화점 │ **きらいだ** 싫어하다
じょうず す

中国語 중국어 │ **下手だ** 못하다, 서툴다 │ **英語** 영어 │ **何よりも** 무엇보다도
ちゅうごくご へた えいご なに

01 기호를 나타낼 때의 조사 が

명사을(를) + 좋아합니다/싫어합니다 = 명사が + 好^すきです/きらいです

✈ 좋고 싫음을 나타내는 기호 표현에는 '~을(를)'에 해당하는 조사로 항상 'が'를 사용합니다.

일본어를 좋아합니다. = 日本語^{にほんご}が 好^すきです。

낫토를 싫어합니다. = なっとうが きらいです。

백화점을 좋아하지 않습니다. = デパートが 好^すきじゃ ありません。

그를 싫어하지 않습니다. = 彼^{かれ}が きらいじゃ ありません。

명사을(를) + 잘합니다/못합니다/동사할 수 있습니다

= 명사가 + 上手^{じょう ず}です/下手^{へ た}です/동사가능형

능력을 나타내는 표현에는 '~을(를)'에 해당하는 조사로 항상 'が'를 사용합니다.

일본어를 잘합니다. = 日本語^{に ほん ご}が 上手^{じょう ず}です。

중국어를 못합니다. = 中国語^{ちゅうごく ご}が 下手^{へ た}です。

한국어를 읽을 수 있습니다. = 韓国語^{かんこく ご}が 読^よめます。

문장 구조를 반복해서 연습해 보자.

❶ 일본어를 좋아합니다.

日本語が 好きです。

❷ 낫토를 싫어합니다.

なっとうが きらいです。

❸ 백화점을 좋아하지 않습니다.

デパートが 好きじゃ ありません。

❹ 그를 싫어하지 않습니다.

彼が きらいじゃ ありません。

❺ 백화점을 싫어합니다.

デパートが きらいです。

❻ 일본어를 잘합니다.

日本語が 上手です。

❼ 중국어를 못합니다.

中国語が 下手です。

❽ 한국어를 읽을 수 있습니다.

韓国語が 読めます。

❾ 영어를 쓸 수 있습니다.

英語が 書けます。

❿ 일본어를 읽을 수 있습니다.

日本語が 読めます。

문장 구조를 1초 만에 해석해 보자.

❶ 日本語が 好きです。

❷ なっとうが きらいです。

❸ デパートが 好きじゃ ありません。

❹ 彼が きらいじゃ ありません。

❺ デパートが きらいです。

❻ 日本語が 上手です。

❼ 中国語が 下手です。

❽ 韓国語が 読めます。

❾ 英語が 書けます。

❿ 日本語が 読めます。

문장 구조를 1초 만에 일본어로 말해 보자.

❶ 일본어를 좋아합니다.

❷ 낫토를 싫어합니다.

❸ 백화점을 좋아하지 않습니다.

❹ 그를 싫어하지 않습니다.

❺ 백화점을 싫어합니다.

❻ 일본어를 잘합니다.

❼ 중국어를 못합니다.

❽ 한국어를 읽을 수 있습니다.

❾ 영어를 쓸 수 있습니다.

❿ 일본어를 읽을 수 있습니다.

응용표현

무엇보다도 + 명사을(를) 좋아합니다/싫어합니다/잘합니다/못합니다
<ruby>何<rt>なに</rt></ruby>よりも + 명사が **好<rt>す</rt>きです/きらいです/ 上手<rt>じょうず</rt>です/下手<rt>へた</rt>です**

* '무엇보다도'라는 뜻의 '<ruby>何<rt>なに</rt></ruby>よりも'를 이용하여 명사를 부각시켜 기호 표현이나 능력 표현을 꾸며줄 수 있습니다.

❄ 문장을 확장해 보자.

❶ 무엇보다도 일본어를 잘합니다.　　　　何<rt>なに</rt>よりも 日本語<rt>にほんご</rt>が 上手<rt>じょうず</rt>です。

❷ 무엇보다도 중국어를 못합니다.　　　　何<rt>なに</rt>よりも 中国語<rt>ちゅうごくご</rt>が 下手<rt>へた</rt>です。

❸ 무엇보다도 한국어를 좋아합니다.　　　何<rt>なに</rt>よりも 韓国語<rt>かんこくご</rt>が 好<rt>す</rt>きです。

❹ 무엇보다도 영어를 싫어합니다.　　　　何<rt>なに</rt>よりも 英語<rt>えいご</rt>が きらいです。

❺ 무엇보다도 일본어를 좋아합니다.　　　何<rt>なに</rt>よりも 日本語<rt>にほんご</rt>が 好<rt>す</rt>きです。

❻ 무엇보다도 중국어를 잘합니다.　　　　何<rt>なに</rt>よりも 中国語<rt>ちゅうごくご</rt>が 上手<rt>じょうず</rt>です。

❼ 무엇보다도 한국어를 싫어합니다.　　　何<rt>なに</rt>よりも 韓国語<rt>かんこくご</rt>が きらいです。

❽ 무엇보다도 영어를 못합니다.　　　　　何<rt>なに</rt>よりも 英語<rt>えいご</rt>が 下手<rt>へた</rt>です。

문장 구조를 1초 만에 해석해 보자.

① 何<small>なに</small>よりも 日本語<small>にほんご</small>が 上手<small>じょうず</small>です。
・・・・・・・・・・・・・・・・・・・・・・・・・・・・

② 何<small>なに</small>よりも 中国語<small>ちゅうごくご</small>が 下手<small>へた</small>です。
・・・・・・・・・・・・・・・・・・・・・・・・・・・・

③ 何<small>なに</small>よりも 韓国語<small>かんこくご</small>が 好<small>す</small>きです。
・・・・・・・・・・・・・・・・・・・・・・・・・・・・

④ 何<small>なに</small>よりも 英語<small>えいご</small>が きらいです。
・・・・・・・・・・・・・・・・・・・・・・・・・・・・

⑤ 何<small>なに</small>よりも 日本語<small>にほんご</small>が 好<small>す</small>きです。
・・・・・・・・・・・・・・・・・・・・・・・・・・・・

⑥ 何<small>なに</small>よりも 中国語<small>ちゅうごくご</small>が 上手<small>じょうず</small>です。
・・・・・・・・・・・・・・・・・・・・・・・・・・・・

⑦ 何<small>なに</small>よりも 韓国語<small>かんこくご</small>が きらいです。
・・・・・・・・・・・・・・・・・・・・・・・・・・・・

⑧ 何<small>なに</small>よりも 英語<small>えいご</small>が 下手<small>へた</small>です。
・・・・・・・・・・・・・・・・・・・・・・・・・・・・

문장 구조를 1초 만에 일본어로 말해 보자.

① 무엇보다도 일본어를 잘합니다.
・・・・・・・・・・・・・・・・・・・・・・・・

② 무엇보다도 중국어를 못합니다.
・・・・・・・・・・・・・・・・・・・・・・・・

③ 무엇보다도 한국어를 좋아합니다.
・・・・・・・・・・・・・・・・・・・・・・・・

④ 무엇보다도 영어를 싫어합니다.
・・・・・・・・・・・・・・・・・・・・・・・・

⑤ 무엇보다도 일본어를 좋아합니다.
・・・・・・・・・・・・・・・・・・・・・・・・

⑥ 무엇보다도 중국어를 잘합니다.
・・・・・・・・・・・・・・・・・・・・・・・・

⑦ 무엇보다도 한국어를 싫어합니다.
・・・・・・・・・・・・・・・・・・・・・・・・

⑧ 무엇보다도 영어를 못합니다.

일본의 유명한 야구장을 묻고 있다. 🎧 MP3 14-02

나　日本で 一番 有名な 野球場は どこですか？

일본에서 가장 유명한 야구장은 어디입니까?

가이드　甲子園です。　　고시엔입니다.

나　ここから 甲子園は 遠いですか?

여기에서 고시엔은 멉니까?

가이드　いいえ、遠く ありません。

野球が 好きですか?　　아니요, 멀지 않습니다. 야구를 좋아합니까?

나　はい、何よりも 好きです。　　네, 무엇보다도 좋아합니다.

가이드　私も 野球が 好きです。　　저도 야구를 좋아합니다.

플러스 단어

野球場 야구장 ｜ **甲子園** 고시엔

오모시로이 니홍고

독신

독신은 한자로 独身(홀로 독, 몸 신)이라고 쓰며, 일본어로는 'どくしん'이라고 발음합니다. か행과 さ행이 만나면 か행이 약하게 발음되는 것에 주의하세요.

PART 15

私に お土産を くれました

わたし　　　　　　　　みやげ

나에게 기념품을 주었습니다

🔦 학습 목표

물건을 주고 받는 행위를 나타내는 수수동사를 말할 수 있다.

🔦 학습 포인트

☑ 주다 = **あげる**

☑ 받다 = **もらう**

☑ (나에게) 주다 = **くれる**

🔦 미리보기 🎧 MP3 15-01

お土産 기념품 | **彼** 그 | **チケット** 티켓 | **彼女** 그녀 | **スマホ** 스마트폰
みやげ　　　　　　かれ　　　　　　　　　　　　　　　　　かのじょ

お金 돈 | **メール** 메일 | **家族** 가족 | **犬** 개
かね　　　　　　　　　　　　　かぞく　　　　いぬ

01 주다

주다 = あげる

✎ '나' 혹은 '남'이 '남'에게 무언가를 줄 때 사용합니다.

그에게 티켓을 줍니다. = 彼^{かれ}に チケットを あげます。

그녀에게 스마트폰을 주었습니다. = 彼女^{かのじょ}に スマホを あげました。

02 받다

받다 = もらう

✎ '나' 혹은 '남'이 '남'에게 무언가를 받을 때 사용합니다.

그로부터 티켓을 받습니다. = 彼^{かれ}から チケットを もらいます。

그녀로부터 돈을 받았습니다. = 彼女^{かのじょ}から お金^{かね}を もらいました。

03 | 주다

(나에게) 주다 = くれる

✈ '남'이 '나'에게 혹은 '나와 가까운 사람'에게 무언가를 줄 때 사용합니다. 감사의 의미가 담겨있는 일본문화가 엿보이는 표현입니다.

나에게 메일을 줍니다. = 私(わたし)に メールを くれます。

나의 가족에게 개를 주었습니다. = 私(わたし)の 家族(かぞく)に 犬(いぬ)を くれました。

문장 구조를 반복해서 연습해 보자.

❶ 그에게 티켓을 줍니다.　　　　　　彼(かれ)に チケットを あげます。

----

❷ 그녀에게 스마트폰을 주었습니다.　　彼女(かのじょ)に スマホを あげました。

----

❸ 그에게 개를 주었습니다.　　　　　　彼(かれ)に 犬(いぬ)を あげました。

----

❹ 그로부터 티켓을 받습니다.　　　　　彼(かれ)から チケットを もらいます。

----

❺ 그녀로부터 돈을 받았습니다.　　　　彼女(かのじょ)から お金(かね)を もらいました。

----

❻ 그로부터 메일을 받았습니다.　　　　彼(かれ)から メールを もらいました。

----

❼ 나에게 메일을 줍니다.　　　　　　　私(わたし)に メールを くれます。

----

❽ 나의 가족에게 개를 주었습니다.　　私(わたし)の 家族(かぞく)に 犬(いぬ)を くれました。

----

❾ 나에게 스마트폰을 주었습니다.　　私(わたし)に スマホを くれました。

----

❿ 나의 가족에게 티켓을 주었습니다.　私(わたし)の 家族(かぞく)に チケットを くれました。

문장 구조를 1초 만에 해석해 보자.

❶ 彼に チケットを あげます。

❷ 彼女に スマホを あげました。

❸ 彼に 犬を あげました。

❹ 彼から チケットを もらいます。

❺ 彼女から お金を もらいました。

❻ 彼から メールを もらいました。

❼ 私に メールを くれます。

❽ 私の 家族に 犬を くれました。

❾ 私に スマホを くれました。

❿ 私の 家族に チケットを くれました。

문장 구조를 1초 만에 일본어로 말해 보자.

❶ 그에게 티켓을 줍니다.

❷ 그녀에게 스마트폰을 주었습니다.

❸ 그에게 개를 주었습니다.

❹ 그로부터 티켓을 받습니다.

❺ 그녀로부터 돈을 받았습니다.

❻ 그로부터 메일을 받았습니다.

❼ 나에게 메일을 줍니다.

❽ 나의 가족에게 개를 주었습니다.

❾ 나에게 스마트폰을 주었습니다.

❿ 나의 가족에게 티켓을 주었습니다.

응용표현

(나에게) 주다

= くれる

* 받는 대상이 '나' 또는 '나와 가까운 사람'일 경우에는 'くれる'를 씁니다. 이때 'くれる'에는 감사의 마음이
  담겨 있습니다.

문장을 확장해 보자.

❶ 나에게 메일을 줍니다.　　　　　　　　私（わたし）に メールを くれます。

❷ 나의 가족에게 개를 주었습니다.　　　　私（わたし）の 家族（かぞく）に 犬（いぬ）を くれました。

❸ 나에게 스마트폰을 주었습니다.　　　　私（わたし）に スマホを くれました。

❹ 나의 가족에게 티켓을 줍니다.　　　　　私（わたし）の 家族（かぞく）に チケットを くれます。

❺ 나에게 돈을 주었습니다.　　　　　　　私（わたし）に お金（かね）を くれました。

❻ 나의 가족에게 메일을 주었습니다.　　　私（わたし）の 家族（かぞく）に メールを くれました。

❼ 나에게 티켓을 줍니다.　　　　　　　　私（わたし）に チケットを くれます。

❽ 나의 가족에게 스마트폰을 주었습니다.　私（わたし）の 家族（かぞく）に スマホを くれました。

문장 구조를 1초 만에 해석해 보자.

❶ 私に メールを くれます。
....

❷ 私の 家族に 犬を くれました。
....

❸ 私に スマホを くれました。
....

❹ 私の 家族に チケットを くれます。
....

❺ 私に お金を くれました。
....

❻ 私の 家族に メールを くれました。
....

❼ 私に チケットを くれます。
....

❽ 私の 家族に スマホを くれました。
....

문장 구조를 1초 만에 일본어로 말해 보자.

❶ 나에게 메일을 줍니다.
....

❷ 나의 가족에게 개를 주었습니다.
....

❸ 나에게 스마트폰을 주었습니다.
....

❹ 나의 가족에게 티켓을 줍니다.
....

❺ 나에게 돈을 주었습니다.
....

❻ 나의 가족에게 메일을 주었습니다.
....

❼ 나에게 티켓을 줍니다.
....

❽ 나의 가족에게 스마트폰을 주었습니다.
....

열쇠를 하나 더 달라고 요청하고 있다. 🎧 MP3 15-02

가이드 みなさん、鍵 もらいましたか？

모두 열쇠 받았습니까?

나 はい、ところで 鍵を もう 一つ くれませんか？

네, 그런데 열쇠를 하나 더 주지 않겠습니까?

가이드 はい、わかりました。

네, 알겠습니다.

나 ありがとうございます。

감사합니다.

플러스 단어

みなさん 모두, 여러분 | **鍵** 열쇠 | **ところで** 그런데 | **もう一つ** 하나 더

오모시로이 니홍고

나고야

나고야는 일본 중부지방 최대 도시입니다. 도쿄, 오사카에 이어 일본을 대표하는 도시 중 하나로, '나고야메시(나고야 향토 음식)'라고 불리는 독특한 식문화가 발달된 곳이기도 해서 식도락 여행으로도 안성맞춤이랍니다.

실력업그레이드3

✎ PART 11에서 PART 15까지 배웠던 문형을 복습해 봅시다.

PART 11 簡単でおいしいです

• な형용사하고 = な형용사 어간 + で　　• い형용사고 = い형용사 어간 + くて

• な형용사하고 + い형용사습니다 = な형용사 어간で + い형용사です

　い형용사고 + な형용사합니다 = い형용사 어간くて + な형용사です

PART 12 買える

• 3그룹 동사의 가능형　　　　　• 2그룹 동사의 가능형

• 1그룹 동사의 가능형　　　　　• 예외 1그룹 동사의 가능형

PART 13 話せるようになりました

• 동사 + 할 수 있게 됩니다 = 동사가능형 + ようになります

• 동사 + 할 수 있게 되었습니다 = 동사가능형 + ようになりました

PART 14 日本語が 上手です

• 명사을(를) + 좋아합니다/싫어합니다 = 명사が + 好きです/きらいです

• 명사을(를) + 잘합니다/못합니다/동사할 수 있습니다 = 명사が + 上手です/下手です/동사가능형

PART 15 私にお土産をくれました

• 주다 = あげる

• 받다 = もらう

• (나에게) 주다 = くれる

앞에서 배웠던 문형에 추가 단어들을 적용해 연습해 봅시다.

읽는 법	한자	품사	뜻
ひまです	暇です	な형용사	한가합니다
おだやかです	穏やかです	な형용사	온화합니다
にぎやかです	賑やかです	な형용사	번화합니다
ゆかいです	愉快です	な형용사	유쾌합니다
うつくしいです	美しいです	い형용사	아름답습니다
あざやかです	鮮やかです	な형용사	산뜻합니다, 선명합니다
つまらないです	詰まらないです	い형용사	지루합니다
へいぼんです	平凡です	な형용사	평범합니다
しんせつです	親切です	な형용사	친절합니다
やさしいです	優しいです	い형용사	상냥합니다
げんきです	元気です	な형용사	건강합니다
あかるいです	明るいです	い형용사	밝습니다
しずかです	静かです	な형용사	조용합니다
くらいです	暗いです	い형용사	어둡습니다
むずかしいです	難しいです	い형용사	어렵습니다
ふくざつです	複雑です	な형용사	복잡합니다
まぶしいです	眩しいです	い형용사	눈부십니다
すてきです	素敵です	な형용사	훌륭합니다
かしこいです	賢いです	い형용사	현명합니다, 똑똑합니다
そろう	揃う	동사	갖추다
もつ	持つ	동사	들다, 가지다, 소유하다

읽는 법	한자	품사	뜻
えらぶ	選ぶ	동사	고르다
ひきだす	引き出す	동사	꺼내다
けす	消す	동사	끄다, 지우다
みがく	磨く	동사	닦다
きる	切る	동사	자르다
はいる	入る	동사	들어가다
おしえる	教える	동사	가르치다
きめる	決める	동사	정하다
つづける	続ける	동사	계속하다
やめる	辞める	동사	그만두다
おぼえる	覚える	동사	외우다
わすれる	忘れる	동사	잊다
よやくする	予約する	동사	예약하다
けしょうひん	化粧品	명사	화장품
こうすい	香水	명사	향수
しょうせつ	小説	명사	소설
いたずら		명사	장난
うそつき	嘘つき	명사	거짓말쟁이
じょうだん	冗談	명사	농담
こくご	国語	명사	국어
すうがく	数学	명사	수학

읽는 법	한자	품사	뜻
かがく	科学	명사	과학
びじゅつ	美術	명사	미술
おんがく	音楽	명사	음악
たいいく	体育	명사	체육
とくいです	得意です	な형용사	잘합니다
にがてです	苦手です	な형용사	서투릅니다
ひらがな		명사	히라가나
けんきゅう	研究	명사	연구
いちご		명사	딸기
すいか		명사	수박
なし		명사	배
パイナップル		명사	파인애플
おもち	お餅	명사	떡
たこやき	たこ焼き	명사	다코야키
ホットケーキ		명사	핫케이크
ロールケーキ		명사	롤케이크
アイスコーヒー		명사	아이스커피
ホットコーヒー		명사	뜨거운 커피
アイスクリーム		명사	아이스크림
かきごおり	かき氷	명사	빙수

PART 16

私^{わたし}に お土産^{みやげ}を 買^かって くれました

🌿 나에게 기념품을 사 주었습니다

💡 학습 목표

동작을 주고 받는 행위를 나타내는 수수동사를 말할 수 있다.

💡 학습 포인트

- ☑ 동사해 주다 = 동사て형 + **あげる**
- ☑ 동사해 줌을 받다 = 동사て형 + **もらう**
- ☑ (나에게) 동사해 주다 = 동사て형 + **くれる**

💡 미리보기 🎧 MP3 16-01

彼^{かれ} 그 | 教^{おし}える 가르치다 | 彼女^{かのじょ} 그녀 | 日本語^{にほんご} 일본어 | ちらし寿司^{ずし} 지라시초밥 | 韓国語^{かんこくご} 한국어

01 ~해 주다

동사 + 해 주다 = 동사て형 + あげる

✈ 동사て형에 '주다'라는 뜻의 'あげる'를 연결하면 '나' 혹은 '남'이 '남'에게 '동사해 주다'라는 표현이 됩니다.

그에게 가르쳐 줍니다. = 彼に 教えて あげます。

그녀에게 사 주었습니다. = 彼女に 買って あげました。

02 ~해 줌을 받다

동사 + 해 줌을 받다 = 동사て형 + もらう

✈ 동사て형에 '받다'라는 뜻의 'もらう'를 연결하면 '나' 혹은 '남'이 '남'에게 '동사해 줌을 받다'라는 표현이 됩니다. 우리말에는 '동사해 줌을 받다'라는 표현이 없기 때문에 다소 어색하지만 일본어에서는 자주 쓰는 표현입니다.

그로부터 가르쳐 줌을 받습니다. = 彼から 教えて もらいます。

그녀로부터 만들어 줌을 받았습니다. = 彼女から 作って もらいました。

(나에게) 동사 + 해 주다 = 동사て형 + くれる

✈ 동사て형에 '(나에게)주다'라는 뜻의 'くれる'를 연결하면 '남'이 '나' 혹은 '나와 가까운 사람'에게 '(자발적으로) 동사해 주다'라는 표현이 됩니다. 자발적으로 해 준 것이기 때문에 감사의 의미가 담겨있는 표현입니다.

나에게 와 줍니다. = 私に 来て くれます。

나의 가족에게 가르쳐 주었습니다. = 私の 家族に 教えて くれました。

문장 구조를 **반복해서 연습**해 보자.

❶ 그에게 가르쳐 줍니다.　　彼に 教えて あげます。

❷ 그녀에게 사 주었습니다.　　彼女に 買って あげました。

❸ 그에게 만들어 주었습니다.　　彼に 作って あげました。

❹ 그로부터 가르쳐 줌을 받습니다.　　彼から 教えて もらいます。

❺ 그녀로부터 만들어 줌을 받았습니다.　　彼女から 作って もらいました。

❻ 그로부터 와 줌을 받았습니다.　　彼から 来て もらいました。

❼ 나에게 가르쳐 줍니다.　　私に 教えて くれます。

❽ 나의 가족에게 와 주었습니다.　　私の 家族に 来て くれました。

❾ 나에게 와 주었습니다.　　私に 来て くれました。

❿ 나의 가족에게 가르쳐 주었습니다.　　私の 家族に 教えて くれました。

문장 구조를 1초 만에 해석해 보자.

❶ 彼に 教えて あげます。
かれ　おし

❷ 彼女に 買って あげました。
かのじょ　か

❸ 彼に 作って あげました。
かれ　つく

❹ 彼から 教えて もらいます。
かれ　おし

❺ 彼女から 作って もらいました。
かのじょ　つく

❻ 彼から 来て もらいました。
かれ　き

❼ 私に 教えて くれます。
わたし　おし

❽ 私の 家族に 来て くれました。
わたし　かぞく　き

❾ 私に 来て くれました。
わたし　き

❿ 私の 家族に 教えて くれました。
わたし　かぞく　おし

문장 구조를 1초 만에 일본어로 말해 보자.

❶ 그에게 가르쳐 줍니다.

❷ 그녀에게 사 주었습니다.

❸ 그에게 만들어 주었습니다.

❹ 그로부터 가르쳐 줌을 받습니다.

❺ 그녀로부터 만들어 줌을 받았습니다.

❻ 그로부터 와 줌을 받았습니다.

❼ 나에게 가르쳐 줍니다.

❽ 나의 가족에게 와 주었습니다.

❾ 나에게 와 주었습니다.

❿ 나의 가족에게 가르쳐 주었습니다.

응용표현

대상에게/로부터 + 명사 + 을(를) + 동사해 주다/받다

= 대상**に/から** + 명사 + を + 동사**て あげる/もらう**

* '명사를'를 이용하여 대상에게, 대상으로부터 어떠한 사물을 동작해 주거나 받았는지 구체적으로 말할 수 있습니다.

※ 문장을 확장해 보자.

❶ 그에게 일본어를 가르쳐 줍니다.　　　　　彼に 日本語を 教えて あげます。

❷ 그녀에게 커피를 사 주었습니다.　　　　　彼女に コーヒーを 買って あげました。

❸ 김 씨에게 지라시 초밥을 만들어 주었습니다.　キムさんに ちらし寿司を 作って あげました。

❹ 그에게 도시락을 만들어 주었습니다.　　　彼に べんとうを 作って あげました。

❺ 김 씨로부터 한국어를 가르쳐 줌을 받습니다.　キムさんから 韓国語を 教えて もらいます。

❻ 그로부터 티켓을 사 줌을 받았습니다.　　　彼から チケットを 買って もらいました。

❼ 그녀로부터 도시락을 만들어 줌을 받았습니다.　彼女から べんとうを 作って もらいました。

❽ 김 씨로부터 커피를 사 줌을 받았습니다.　　キムさんから コーヒーを 買って もらいました。

문장 구조를 1초 만에 해석해 보자.

❶ 彼に 日本語を 教えて あげます。

❺ キムさんから 韓国語を 教えて もらいます。

❷ 彼女に コーヒーを 買って あげました。

❻ 彼から チケットを 買って もらいました。

❸ キムさんに ちらし寿司を 作って あげました。

❼ 彼女から べんとうを 作って もらいました。

❹ 彼に べんとうを 作って あげました。

❽ キムさんから コーヒーを 買って もらいました。

문장 구조를 1초 만에 일본어로 말해 보자.

❶ 그에게 일본어를 가르쳐 줍니다.

❺ 김 씨로부터 한국어를 가르쳐 줌을 받습니다.

❷ 그녀에게 커피를 사 주었습니다.

❻ 그로부터 티켓을 사 줌을 받았습니다.

❸ 김 씨에게 지라시 초밥을 만들어 주었습니다.

❼ 그녀로부터 도시락을 만들어 줌을 받았습니다.

❹ 그에게 도시락을 만들어 주었습니다.

❽ 김 씨로부터 커피를 사 줌을 받았습니다.

가이드에게 백화점의 위치와 영업시간을 물어보고 있다. 🎧 MP3 16-02

나　近いデパートはどこですか?

가까운 백화점은 어디입니까?

가이드　ホテルから 一番 近い デパートは あそこです。

호텔에서 가장 가까운 백화점은 저곳입니다.

나　営業時間を 教えて くれませんか?

영업시간을 가르쳐 주지 않겠습니까?

가이드　午後 9時までです。　오후 9시까지입니다.

나　ありがとうございます。　감사합니다.

플러스 단어

営業時間 영업시간 ｜ **午後** 오후 ｜ **～まで** ~까지

오모시로이 니홍고

산소

산소는 한자로 酸素(실 산, 본디 소)라고 쓰며, 일본어로는 'さんそ'라고 발음합니다. ん을 충분히 한 박자로 읽어주는 것에 유의하세요.

PART 17

飛行機だったら便利です
ひ こう き　　　　　　　　　べん り

비행기라면 편리합니다

💡 **학습 목표**

명사문의 반말 과거형을 사용해서 조건문을 말할 수 있다.

💡 **학습 포인트**

☑ 명사 + 였다 = 명사 + **だった**

☑ 명사 + 라면 = 명사 + **だったら**

💡 **미리보기** 🎧 MP3 17-01

飛行機 비행기 | **夜行バス** 야간버스 | **特急** 특급 | **急行** 급행 | **便利です** 편리합니다
ひ こう き　　　　　　　や こう　　　　　　　　　とっきゅう　　　　　きゅうこう　　　　　　べん り

遅いです 느립니다 | **速いです** (속도가) 빠릅니다 | **乗る** 타다 | **各駅停車** 각 역 정차(일반열차) | **もし** 만약
おそ　　　　　　　　　　　は や　　　　　　　　　　　　　　　　の　　　　　かくえきていしゃ

01 | 명사의 반말 과거형

명사 + 였다 = 명사 + だった

✈ 명사의 존댓말 과거형인 '명사でした'에서 'でした' 대신 'だった'를 연결하면 '명사였다'라는
명사의 반말 과거형이 됩니다.

비행기였다. = 飛行機だった。
ひ こう き

야간버스였다. = 夜行バスだった。
や こう

특급이었다. = 特急だった。
とっきゅう

급행이었다. = 急行だった。
きゅうこう

명사 + 라면 = 명사 + だったら

✈️ 명사의 반말 과거형인 '명사だった'의 끝에 'ら'를 붙여 '명사だったら'라고 하면 '명사라면'과 같은 가정형이 됩니다. '명사だったら' 뒤에 문장을 연결하여 조건문을 만들 수 있습니다.

비행기라면 = 飛行機(ひこうき)だったら

야간버스라면 = 夜行(やこう)バスだったら

특급이라면 = 特急(とっきゅう)だったら

급행이라면 = 急行(きゅうこう)だったら

문장 구조를 반복해서 연습해 보자.

❶ 비행기라면 편리합니다.　　　　　飛行機だったら 便利です。

❷ 야간버스라면 느립니다.　　　　　夜行バスだったら 遅いです。

❸ 특급이라면 빠릅니다.　　　　　特急だったら 速いです。

❹ 급행이라면 탑니다.　　　　　急行だったら 乗ります。

❺ 각 역 정차라면 타지 않습니다.　　　　　各駅停車だったら 乗りません。

❻ 비행기라면 편리했습니다.　　　　　飛行機だったら 便利でした。

❼ 야간버스라면 느렸습니다.　　　　　夜行バスだったら 遅かったです。

❽ 특급이라면 빨랐습니다.　　　　　特急だったら 速かったです。

❾ 급행이라면 탔습니다.　　　　　急行だったら 乗りました。

❿ 각 역 정차라면 타지 않았습니다.　　　　　各駅停車だったら 乗りませんでした。

문장 구조를 1초 만에 해석해 보자.

❶ 飛行機だったら 便利です。

❷ 夜行バスだったら 遅いです。

❸ 特急だったら 速いです。

❹ 急行だったら 乗ります。

❺ 各駅停車だったら 乗りません。

❻ 飛行機だったら 便利でした。

❼ 夜行バスだったら 遅かったです。

❽ 特急だったら 速かったです。

❾ 急行だったら 乗りました。

❿ 各駅停車だったら 乗りませんでした。

문장 구조를 1초 만에 일본어로 말해 보자.

❶ 비행기라면 편리합니다.

❷ 야간버스라면 느립니다.

❸ 특급이라면 빠릅니다.

❹ 급행이라면 탑니다.

❺ 각 역 정차라면 타지 않습니다.

❻ 비행기라면 편리했습니다.

❼ 야간버스라면 느렸습니다.

❽ 특급이라면 빨랐습니다.

❾ 급행이라면 탔습니다.

❿ 각 역 정차라면 타지 않았습니다.

응용표현

만약 + 명사라면 + な형용사/い형용사/동사했습니다

= もし + 명사だったら + な형용사でした/い형용사(い)かったです/동사ました

* '만약'이라는 뜻의 부사 'もし'를 연결하여 조건문을 만들 수 있습니다.

문장을 확장해 보자.

❶ 만약 비행기라면 편리했습니다.　　　もし 飛行機だったら 便利でした。

❷ 만약 야간버스라면 느렸습니다.　　　もし 夜行バスだったら 遅かったです。

❸ 만약 특급이라면 빨랐습니다.　　　もし 特急だったら 速かったです。

❹ 만약 급행이라면 탔습니다.　　　もし 急行だったら 乗りました。

❺ 만약 각 역 정차라면 타지 않았습니다.　　　もし 各駅停車だったら 乗りませんでした。

❻ 만약 비행기라면 빨랐습니다.　　　もし 飛行機だったら 速かったです。

❼ 만약 야간버스라면 탔습니다.　　　もし 夜行バスだったら 乗りました。

❽ 만약 특급이라면 편리했습니다.　　　もし 特急だったら 便利でした。

문장 구조를 1초 만에 해석해 보자.

❶ もし 飛行機(ひこうき)だったら 便利(べんり)でした。

❷ もし 夜行(やこう)バスだったら 遅(おそ)かったです。

❸ もし 特急(とっきゅう)だったら 速(はや)かったです。

❹ もし 急行(きゅうこう)だったら 乗(の)りました。

❺ もし 各駅停車(かくえきていしゃ)だったら 乗(の)りませんでした。

❻ もし 飛行機(ひこうき)だったら 速(はや)かったです。

❼ もし 夜行(やこう)バスだったら 乗(の)りました。

❽ もし 特急(とっきゅう)だったら 便利(べんり)でした。

문장 구조를 1초 만에 일본어로 말해 보자.

❶ 만약 비행기라면 편리했습니다.

❷ 만약 야간버스라면 느렸습니다.

❸ 만약 특급이라면 빨랐습니다.

❹ 만약 급행이라면 탔습니다.

❺ 만약 각 역 정차라면 타지 않았습니다.

❻ 만약 비행기라면 빨랐습니다.

❼ 만약 야간버스라면 탔습니다.

❽ 만약 특급이라면 편리했습니다.

가이드에게 일본 열차의 특징에 대해 듣고 있다. 🎧 MP3 17-02

나 日本の電車はいろいろありますね。 일본의 전철은 여러 가지가 있네요.

가이드 はい、特急だったら 速いですが、

各駅停車だったら 速く ありません。

네, 특급이라면 빠릅니다만, 각 역 정차(일반열차)라면 빠르지 않습니다.

나 とても 便利ですね。 매우 편리하네요.

가이드 はい、でも ミスしては いけません。

行きたい 駅に 行けませんから。

네, 하지만 실수하면 안 됩니다. 가고 싶은 역에 갈 수 없으니까요.

나 あ、そうですね。 아, 그렇군요.

플러스 단어

いろいろ 여러 가지 │ **でも** 하지만 │ **ミスする** 실수하다

오모시로이 니홍고

무심

무심은 한자로 無心(없을 무, 마음 심)이라고 쓰며, 일본어로는 'むしん'이라고 발음합니다. ん을 충분히
한 박자로 읽어주는 것에 유의하세요.

PART 18

便利だったら 買います

べん り
か

편리하다면 사겠습니다

💡 **학습 목표**

な형용사의 반말 과거형을 사용해서 조건문을 말할 수 있다.

💡 **학습 포인트**

☑ **な**형용사 + 하다 = **な**형용사 + **だ**

☑ **な**형용사 + 했다 = **な**형용사 + **だった**

☑ **な**형용사 + 하다면 = **な**형용사 + **だったら**

💡 **미리보기** 🎧 MP3 18-01

べん り
便利だ 편리하다 | 好きだ 좋아하다 | 買う 사다 | 食べる 먹다 | 簡単だ 간단하다
　　　　　　　す　　　　　　　　か　　　　　　た　　　　　　かんたん

つく
作る 만들다 | きれいだ 예쁘다 | 不便だ 불편하다 | いやだ 싫다 | もし 만약
　　　　　　　　　　　　　　　ふ べん

01 な형용사의 반말 현재형

な형용사 + 하다 = **な**형용사 + だ

✈️ な형용사의 존댓말 현재형인 'な형용사です'에서 'です' 대신 'だ'를 연결하면 'な형용사하다'
라는 반말 현재형이 됩니다.

편리하다. = 便利だ。
<small>べん り</small>

좋아하다. = 好きだ。
<small>す</small>

02 な형용사의 반말 과거형

な형용사 + 했다 = **な**형용사 + だった

✈️ な형용사의 존댓말 과거형인 'な형용사でした'에서 'でした' 대신 'だった'를 연결하면 'な
형용사했다'라는 반말 과거형이 됩니다.

편리했다. = 便利だった。
<small>べん り</small>

좋아했다. = 好きだった。
<small>す</small>

な형용사 + 하다면 = **な**형용사 + だったら

형용사의 반말 과거형인 'な형용사だった'의 끝에 'ら'를 붙여 'な형용사だったら'라고 하면 'な 형용사하다면'과 같은 가정형이 됩니다. 'な형용사だったら' 뒤에 문장을 연결하여 조건문을 만들 수 있습니다. 또한 문장 끝에 'か'를 붙여 의문문도 만들 수 있습니다.

편리하다면 = 便利だったら

좋아한다면 = 好きだったら

문장 구조를 반복해서 연습해 보자.

❶ 편리하다면 삽니다.　　　　　便利_{べん り}だったら 買_かいます。

❷ 좋아한다면 먹습니다.　　　　　好_すきだったら 食_たべます。

❸ 간단하다면 만듭니다.　　　　　簡単_{かんたん}だったら 作_{つく}ります。

❹ 예쁘다면 좋아합니다.　　　　　きれいだったら 好_すきです。

❺ 불편하다면 싫습니다.　　　　　不便_{ふ べん}だったら いやです。

❻ 편리하다면 삽니까?　　　　　　便利_{べん り}だったら 買_かいますか?

❼ 좋아한다면 먹습니까?　　　　　好_すきだったら 食_たべますか?

❽ 간단하다면 만듭니까?　　　　　簡単_{かんたん}だったら 作_{つく}りますか?

❾ 예쁘다면 좋아합니까?　　　　　きれいだったら 好_すきですか?

❿ 불편하다면 싫습니까?　　　　　不便_{ふ べん}だったら いやですか?

문장 구조를 1초 만에 해석해 보자.

❶ 便利だったら 買います。

❻ 便利だったら 買いますか?

❷ 好きだったら 食べます。

❼ 好きだったら 食べますか?

❸ 簡単だったら 作ります。

❽ 簡単だったら 作りますか?

❹ きれいだったら 好きです。

❾ きれいだったら 好きですか?

❺ 不便だったら いやです。

❿ 不便だったら いやですか?

문장 구조를 1초 만에 일본어로 말해 보자.

❶ 편리하다면 삽니다.

❻ 편리하다면 삽니까?

❷ 좋아한다면 먹습니다.

❼ 좋아한다면 먹습니까?

❸ 간단하다면 만듭니다.

❽ 간단하다면 만듭니까?

❹ 예쁘다면 좋아합니다.

❾ 예쁘다면 좋아합니까?

❺ 불편하다면 싫습니다.

❿ 불편하다면 싫습니까?

응용표현

만약 + **な**형용사하면 + 동사했습니다

= もし + **な**형용사**だったら** + 동사**ました**

* '만약'이라는 뜻의 부사 'もし'를 연결하여 조건문을 만들 수 있습니다.

문장을 확장해 보자.

❶ 만약 편리하다면 샀습니다.　　　　もし 便利だったら 買いました。

❷ 만약 좋아한다면 먹었습니다.　　　　もし 好きだったら 食べました。

❸ 만약 간단하다면 만들었습니다.　　　もし 簡単だったら 作りました。

❹ 만약 예쁘다면 샀습니다.　　　　　　もし きれいだったら 買いました。

❺ 만약 불편하다면 오지 않았습니다.　もし 不便だったら 来ませんでした。

❻ 만약 좋아한다면 먹었습니까?　　　　もし 好きだったら 食べましたか？

❼ 만약 간단하다면 만들었습니까?　　　もし 簡単だったら 作りましたか？

❽ 만약 불편하다면 오지 않았습니까?　もし 不便だったら 来ませんでしたか？

문장 구조를 1초 만에 해석해 보자.

❶ もし 便利^{べん り}だったら 買^かいました。

❷ もし 好^すきだったら 食^たべました。

❸ もし 簡単^{かんたん}だったら 作^{つく}りました。

❹ もし きれいだったら 買^かいました。

❺ もし 不便^{ふ べん}だったら 来^きませんでした。

❻ もし 好^すきだったら 食^たべましたか?

❼ もし 簡単^{かんたん}だったら 作^{つく}りましたか?

❽ もし 不便^{ふ べん}だったら 来^きませんでしたか?

문장 구조를 1초 만에 일본어로 말해 보자.

❶ 만약 편리하다면 샀습니다.

❷ 만약 좋아한다면 먹었습니다.

❸ 만약 간단하다면 만들었습니다.

❹ 만약 예쁘다면 샀습니다.

❺ 만약 불편하다면 오지 않았습니다.

❻ 만약 좋아한다면 먹었습니까?

❼ 만약 간단하다면 만들었습니까?

❽ 만약 불편하다면 오지 않았습니까?

가이드에게 홋카이도에 가는 방법에 대해 물어보고 있다. 🎧 MP3 18-02

나 　北海道は どうやって 行きますか？

홋카이도는 어떻게 갑니까?

가이드 　飛行機、新幹線、船で 行けます。

비행기, 신칸센, 배로 갈 수 있습니다.

나 　船でですか？　배로 말입니까?

가이드 　はい、でも とても 不便ですよ。

네, 하지만 매우 불편해요.

나 　あ、そうですね。不便だったら、

　　　　乗りません。　아, 그렇군요. 불편하다면, 타지 않겠습니다.

플러스 단어

北海道 홋카이도 | **どうやって** 어떻게 | **新幹線** 신칸센 | **船** 배

오모시로이 니홍고

시야

시야는 한자로 視野(볼 시, 들 야)라고 쓰며, 일본어로는 'しや'라고 발음합니다. 우리말과 발음이 같으므로 쉽게 암기할 수 있겠죠?

PART 19

軽かったら 買います
가볍다면 사겠습니다

💡 **학습 목표**

い형용사의 반말 과거형을 사용해서 조건문을 말할 수 있다.

💡 **학습 포인트**

☑ い형용사 + 이었다 = い형용사(い) + かった

☑ い형용사 + 다면 = い형용사(い) + かったら

💡 **미리보기** 🎧 MP3 19-01

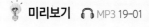

軽い 가볍다 | 買う 사다 | 重い 무겁다 | 広い 넓다 | 狭い 좁다 | 行く 가다 | 小さい 작다 | いやだ 싫다

---

01 | い형용사의 반말 과거형

い형용사 + 이었다 = い형용사(い) + かった

✈ い형용사의 존댓말 과거형인 'い형용사(い)かったです'에서 'です'를 뺀 'かった'까지만 쓰면 'い형용사이었다'라는 반말 과거형이 됩니다.

가벼웠다. = 軽_{かる}かった。

무거웠다. = 重_{おも}かった。

넓었다. = 広_{ひろ}かった。

좁았다. = 狭_{せま}かった。

02 | い형용사의 가정형

い형용사 + 다면 = い형용사(い) + かったら

✈ い형용사의 반말 과거형인 'い형용사(い)かった'의 끝에 'ら'를 붙여 'い형용사(い)かったら'라고
하면 'い형용사다면'과 같은 가정형이 됩니다. 'い형용사(い)かったら' 뒤에 문장을 연결하여
조건문을 만들 수 있습니다. 또한 문장 끝에 'か'를 붙여 의문문도 만들 수 있습니다.

가볍다면 = 軽^{かる}かったら

무겁다면 = 重^{おも}かったら

넓다면 = 広^{ひろ}かったら

좁다면 = 狭^{せま}かったら

✿ 문장 구조를 반복해서 연습해 보자.

❶ 가볍다면 사겠습니다.

<ruby>軽<rt>かる</rt></ruby>かったら <ruby>買<rt>か</rt></ruby>います。

❷ 무겁다면 사지 않겠습니다.

<ruby>重<rt>おも</rt></ruby>かったら <ruby>買<rt>か</rt></ruby>いません。

❸ 넓다면 가겠습니다.

<ruby>広<rt>ひろ</rt></ruby>かったら <ruby>行<rt>い</rt></ruby>きます。

❹ 좁다면 가지 않겠습니다.

<ruby>狭<rt>せま</rt></ruby>かったら <ruby>行<rt>い</rt></ruby>きません。

❺ 작다면 싫습니다.

<ruby>小<rt>ちい</rt></ruby>さかったら いやです。

❻ 가볍다면 사겠습니까?

<ruby>軽<rt>かる</rt></ruby>かったら <ruby>買<rt>か</rt></ruby>いますか?

❼ 무겁다면 사지 않겠습니까?

<ruby>重<rt>おも</rt></ruby>かったら <ruby>買<rt>か</rt></ruby>いませんか?

❽ 넓다면 가겠습니까?

<ruby>広<rt>ひろ</rt></ruby>かったら <ruby>行<rt>い</rt></ruby>きますか?

❾ 좁다면 가지 않겠습니까?

<ruby>狭<rt>せま</rt></ruby>かったら <ruby>行<rt>い</rt></ruby>きませんか?

❿ 작다면 싫습니까?

<ruby>小<rt>ちい</rt></ruby>さかったら いやですか?

문장 구조를 1초 만에 해석해 보자.

❶ 軽かったら 買います。

❷ 重かったら 買いません。

❸ 広かったら 行きます。

❹ 狭かったら 行きません。

❺ 小さかったら いやです。

❻ 軽かったら 買いますか？

❼ 重かったら 買いませんか？

❽ 広かったら 行きますか？

❾ 狭かったら 行きませんか？

❿ 小さかったら いやですか？

문장 구조를 1초 만에 일본어로 말해 보자.

❶ 가볍다면 사겠습니다.

❷ 무겁다면 사지 않겠습니다.

❸ 넓다면 가겠습니다.

❹ 좁다면 가지 않겠습니다.

❺ 작다면 싫습니다.

❻ 가볍다면 사겠습니까？

❼ 무겁다면 사지 않겠습니까？

❽ 넓다면 가겠습니까？

❾ 좁다면 가지 않겠습니까？

❿ 작다면 싫습니까？

응용하기

응용표현

만약 + **い**형용사다면 + 동사했습니다

= もし + **い**형용사(~~い~~)**かったら** + 동사**ました**

* '만약'이라는 뜻의 부사 'もし'를 연결하여 조건문을 만들 수 있습니다.

 문장을 확장해 보자.

❶ 만약 가볍다면 샀습니다.
もし 軽かったら 買いました。

❷ 만약 무겁다면 사지 않았습니다.
もし 重かったら 買いませんでした。

❸ 만약 넓다면 갔습니다.
もし 広かったら 行きました。

❹ 만약 좁다면 오지 않았습니다.
もし 狭かったら 来ませんでした。

❺ 만약 작다면 사지 않았습니다.
もし 小さかったら 買いませんでした。

❻ 만약 가볍다면 샀습니까?
もし 軽かったら 買いましたか?

❼ 만약 넓다면 갔습니까?
もし 広かったら 行きましたか?

❽ 만약 작다면 사지 않았습니까?
もし 小さかったら 買いませんでしたか?

문장 구조를 1초 만에 해석해 보자.

❶ もし 軽かったら 買いました。
　　　かる　　　　か

❷ もし 重かったら 買いませんでした。
　　　おも　　　　か

❸ もし 広かったら 行きました。
　　　ひろ　　　　い

❹ もし 狭かったら 来ませんでした。
　　　せま　　　　き

❺ もし 小さかったら 買いませんでした。
　　　ちい　　　　　か

❻ もし 軽かったら 買いましたか?
　　　かる　　　　か

❼ もし 広かったら 行きましたか?
　　　ひろ　　　　い

❽ もし 小さかったら 買いませんでしたか?
　　　ちい　　　　　か

문장 구조를 1초 만에 일본어로 말해 보자.

❶ 만약 가볍다면 샀습니다.

❷ 만약 무겁다면 사지 않았습니다.

❸ 만약 넓다면 갔습니다.

❹ 만약 좁다면 오지 않았습니다.

❺ 만약 작다면 사지 않았습니다.

❻ 만약 가볍다면 샀습니까?

❼ 만약 넓다면 갔습니까?

❽ 만약 작다면 사지 않았습니까?

말해보기

이 씨가 새로 산 옷을 자랑하고 있다. 🎧 MP3 19-02

나 今日、買った服ですか？

오늘 산 옷입니까?

이 씨 はい、どうですか？

네, 어떻습니까?

나 軽くて かわいいですね。

가볍고 예쁘네요.

이 씨 はい、もし 重かったら、買いませんでした。

네, 만약 무거웠다면 사지 않았습니다.

플러스 단어

今日 오늘 | **服** 옷

오모시로이 니홍고

치료

치료는 한자로 治療(다스릴 치, 고칠 료)라고 쓰며, 일본어로는 'ちりょう'라고 발음합니다. りょう라고
길게 장음으로 읽는 것에 유의하세요.

PART 20

これと これと
どちらが 軽いですか？

이것과 이것과 어느 쪽이 가볍습니까?

💡 학습 목표

두 가지를 비교해 묻고 답할 수 있다.

💡 학습 포인트

☑ 어느 쪽이 + な형용사합니까?/い형용사습니까?

　= どちらが + な형용사ですか？/い형용사ですか？

☑ 이것과 이것과 + 어느 쪽이 + な형용사합니까?/い형용사습니까?

　= これと これと + どちらが + な형용사ですか？/い형용사ですか？

☑ 명사 + 쪽이 + な형용사합니다/い형용사습니다

　= 명사 + の ほうが + な형용사です/い형용사です

💡 미리보기 🎧 MP3 20-01

軽(かる)い 가볍다 | 楽(らく)だ 편하다 | 静(しず)かだ 조용하다 | 長(なが)い 길다 | 本(ほん) 책 | いす 의자 | 京都(きょうと) 교토

こちら 이쪽 | 上手(じょうず)だ 잘하다 | 日本語(にほんご) 일본어 | ~にとっては ~에게 있어서는

살펴보기 🔍

01 | 양자 비교 질문

어느 쪽이 + **な**형용사합니까?/**い**형용사습니까?

= **どちらが** + **な**형용사**ですか?**/**い**형용사**ですか?**

✈ '어느 쪽이'라는 뜻의 '**どちらが**'를 사용해서 두 가지 중 어느 쪽이 더 형용사한지 질문을 할 수 있습니다.

어느 쪽이 편안합니까? = **どちらが 楽^{らく}ですか?**

어느 쪽이 가볍습니까? = **どちらが 軽^{かる}いですか?**

02 | 지시대명사를 사용한 양자 비교 질문

이것과 이것과 + 어느 쪽이 + **な**형용사합니까?/**い**형용사습니까?

= **これとこれと** + **どちらが** + **な**형용사**ですか?**/**い**형용사**ですか?**

✈ '이것과'라는 뜻의 '**これと**'를 사용하여 어느 쪽이 더 형용사한지 두 가지를 비교하는 질문을 할 수 있습니다.

이것과 이것과 어느 쪽이 조용합니까? = **これと これと どちらが 静^{しず}かですか?**

이것과 이것과 어느 쪽이 깁니까? = **これと これと どちらが 長^{なが}いですか?**

명사 + 쪽이 + **な**형용사합니다/**い**형용사습니다

= 명사 + **の** ほうが + **な**형용사です/**い**형용사です

 '~쪽이'란 뜻의 'のほうが'를 사용해서 더 형용사한 쪽에 대해 대답할 수 있습니다.

이 의자 쪽이 편안합니다. = この いすの ほうが 楽^{らく}です。

이 책 쪽이 가볍습니다. = この 本^{ほん}の ほうが 軽^{かる}いです。

문장 구조를 반복해서 연습해 보자.

❶ Q: 어느 쪽이 가볍습니까?　　　　　Q: どちらが 軽いですか？

❷ A: 이 책 쪽이 가볍습니다.　　　　　A: この 本の ほうが 軽いです。

❸ Q: 어느 쪽이 편안합니까?　　　　　Q: どちらが 楽ですか？

❹ A: 이 의자 쪽이 편안합니다.　　　　A: この いすの ほうが 楽です。

❺ Q: 어느 쪽이 조용합니까?　　　　　Q: どちらが 静かですか？

❻ A: 교토 쪽이 조용합니다.　　　　　A: 京都の ほうが 静かです。

❼ Q: 이것과 이것과 어느 쪽이 깁니까?　Q: これと これと どちらが 長いですか？

❽ A: 이쪽이 깁니다.　　　　　　　　A: こちらの ほうが 長いです。

❾ Q: 어느 쪽을 잘합니까?　　　　　　Q: どちらが 上手ですか？

❿ A: 일본어 쪽을 잘합니다.　　　　　A: 日本語の ほうが 上手です。

문장 구조를 1초 만에 해석해 보자.

❶ Q: どちらが 軽いですか?

❷ A: この 本の ほうが 軽いです。

❸ Q: どちらが 楽ですか?

❹ A: この いすの ほうが 楽です。

❺ Q: どちらが 静かですか?

❻ A: 京都の ほうが 静かです。

❼ Q: これと これと どちらが 長いですか?

❽ A: こちらの ほうが 長いです。

❾ Q: どちらが 上手ですか?

❿ A: 日本語の ほうが 上手です。

문장 구조를 1초 만에 일본어로 말해 보자.

❶ Q: 어느 쪽이 가볍습니까?

❷ A: 이 책 쪽이 가볍습니다.

❸ Q: 어느 쪽이 편안합니까?

❹ A: 이 의자 쪽이 편안합니다.

❺ Q: 어느 쪽이 조용합니까?

❻ A: 교토 쪽이 조용합니다.

❼ Q: 이것과 이것과 어느 쪽이 깁니까?

❽ A: 이쪽이 깁니다.

❾ Q: 어느 쪽을 잘합니까?

❿ A: 일본어 쪽을 잘합니다.

응용하기 ☆

응용표현

나에게 있어서는 + 명사 쪽이 **な**형용사합니다/**い**형용사습니다

= 私_{わたし}にとっては + 명사**のほうが な**형용사**です**/**い**형용사**です**

* '~에게 있어서는'이란 뜻의 '~にとっては'를 연결하여 입장을 표현할 수 있습니다.

❀ 문장을 확장해 보자.

❶ 나에게 있어서는 이 책 쪽이 어렵습니다.　　私にとってはこの本のほうが 難しいです。

❷ 나에게 있어서는 이 의자 쪽이 편안합니다.　　私にとっては このいすの ほうが 楽です。

❸ 나에게 있어서는 교토 쪽을 좋아합니다.　　私にとっては 京都の ほうが 好きです。

❹ 나에게 있어서는 이쪽이 좋습니다.　　私にとっては こちらの ほうが いいです。

❺ 나에게 있어서는 일본어 쪽이 편리합니다.　　私にとっては 日本語の ほうが 便利です。

❻ 나에게 있어서는 이 책 쪽이 가볍습니다.　　私にとっては この 本の ほうが 軽いです。

❼ 나에게 있어서는 교토 쪽이 조용합니다.　　私にとっては 京都の ほうが 静かです。

❽ 나에게 있어서는 일본어 쪽을 좋아합니다.　　私にとっては 日本語の ほうが 好きです。

문장 구조를 1초 만에 해석해 보자.

❶ 私にとってはこの本のほうが難しいです。
....

❷ 私にとっては このいす のほうが 楽です。
....

❸ 私にとっては 京都の ほうが 好きです。
....

❹ 私にとっては こちらの ほうが いいです。
....

❺ 私にとっては日本語の ほうが 便利です。
....

❻ 私にとっては この 本の ほうが 軽いです。
....

❼ 私にとっては 京都の ほうが 静かです。
....

❽ 私にとっては 日本語の ほうが 好きです。
....

문장 구조를 1초 만에 일본어로 말해 보자.

❶ 나에게 있어서는 이 책 쪽이 어렵습니다.
....

❷ 나에게 있어서는 이 의자 쪽이 편안합니다.
....

❸ 나에게 있어서는 교토 쪽을 좋아합니다.
....

❹ 나에게 있어서는 이쪽이 좋습니다.
....

❺ 나에게 있어서는 일본어 쪽이 편리합니다.
....

❻ 나에게 있어서는 이 책 쪽이 가볍습니다.
....

❼ 나에게 있어서는 교토 쪽이 조용합니다.
....

❽ 나에게 있어서는 일본어 쪽을 좋아합니다.
....

가이드에게 좋아하는 관광지를 물어보고 있다. 🎧 MP3 20-02

나　ガイドさんにとっては北海道と
　　沖縄とどちらがいいですか?

　　가이드 님에게 있어서는 홋카이도와 오키나와와 어느 쪽이 좋습니까?

가이드　私にとっては沖縄のほうがいいです。

　　저에게 있어서는 오키나와 쪽이 좋습니다.

나　どうしてですか?　어째서입니까?

가이드　天気がとてもいいですから。

　　날씨가 매우 좋기 때문입니다.

플러스 단어

ガイドさん 가이드 님 | **北海道** 홋카이도 | **沖縄** 오키나와 | **天気** 날씨

오모시로이 니홍고

삿포로

삿포로는 일본의 최북단 홋카이도 지방의 서부 도시입니다. 홋카이도의 정치, 경제, 문화의
중심지인 삿포로는 겨울과 맥주가 유명하다고 해요. 특히 겨울에는 세계 3대 축제 중 하나인
'삿포로 눈축제'가 열려 매년 수많은 관광객들이 모입니다. 아름다운 설경을 시원한 맥주와
함께 즐길 수 있다면 정말 좋겠죠?

PART 16에서 PART 20까지 배웠던 문형을 복습해 봅시다.

PART 16　私にお土産を買ってくれました

- 동사해 주다 = 동사**て**형 + **あげる**
- (나에게) 동사해 주다 = 동사**て**형 + **くれる**
- 동사해 줌을 받다 = 동사**て**형 + **もらう**

PART 17　飛行機だったら便利です

- 명사 + 였다 = 명사 + **だった**
- 명사 + 라면 = 명사 + **だったら**

PART 18　便利だったら買います

- な형용사 + 하다 = な형용사 + **だ**
- な형용사 + 하다면 = な형용사 + **だったら**
- な형용사 + 했다 = な형용사 + **だった**

PART 19　軽かったら買います

- い형용사 + 이었다 = い형용사 **(い)** + **かった**
- い형용사 + 다면 = い형용사 **(い)** + **かったら**

PART 20　これとこれとどちらが軽いですか?

- 어느 쪽이 + な형용사합니까?/い형용사습니까?

  = **どちらが** + な형용사**ですか?**/い형용사**ですか?**

- 이것과 이것과 + 어느 쪽이 + な형용사합니까?/い형용사습니까?

  = **これとこれと** + **どちらが** + な형용사**ですか?**/い형용사**ですか?**

- 명사 + 쪽이 + な형용사합니다/い형용사습니다

  = 명사 + **の ほうが** + な형용사**です**/い형용사**です**

앞에서 배웠던 문형에 추가 단어들을 적용해 연습해 봅시다.

읽는 법	한자	품사	뜻
はなす	話す	동사	이야기하다
みせる	見せる	동사	보여주다
かす	貸す	동사	빌려주다
かえす	返す	동사	돌려주다
おごる		동사	한턱내다
うんどうぐつ	運動靴	명사	운동화
だいじょうぶです	大丈夫です	な형용사	괜찮습니다
ヒール		명사	힐
だめです	駄目です	な형용사	안 됩니다
はる	春	명사	봄
あたたかいです	暖かいです	い형용사	따뜻합니다
なつ	夏	명사	여름
あついです	暑いです	い형용사	덥습니다
しゅうまつ	週末	명사	주말
へいじつ	平日	명사	평일
しゅくだい	宿題	명사	숙제
しけん	試験	명사	시험
にがてです	苦手です	な형용사	서투릅니다

읽는 법	한자	품사	뜻
つづける	続ける	동사	계속하다
とくいです	得意です	な형용사	잘합니다
じょうずです	上手です	な형용사	잘합니다
へたです	下手です	な형용사	못합니다
しずかです	静かです	な형용사	조용합니다
しゅうちゅうする	集中する	동사	집중하다
あついです	熱いです	い형용사	뜨겁습니다
のむ	飲む	동사	마시다
あたらしいです	新しいです	い형용사	새롭습니다
ふるいです	古いです	い형용사	낡았습니다
むずかしいです	難しいです	い형용사	어렵습니다
やさしいです	易しいです	い형용사	쉽습니다
しょうゆ	醤油	명사	간장
みそ	味噌	명사	된장
しょっぱいです	塩っぱいです	い형용사	짭니다
きんえん	禁煙	명사	금연
きつえん	喫煙	명사	흡연
れいぞうこ	冷蔵庫	명사	냉장고

읽는 법	한자	품사	뜻
せんたくき	洗濯機	명사	세탁기
たかいです	高いです	い형용사	비쌉니다
いちば	市場	명사	시장
スーパー		명사	슈퍼마켓
べんりです	便利です	な형용사	편리합니다
やさい	野菜	명사	채소
にく	肉	명사	고기
からだ	体	명사	몸
みぎ	右	명사	오른쪽
あぶらっこいです	脂っこいです	い형용사	기릅집니다, 느끼합니다
ひだり	左	명사	왼쪽
からいです	辛いです	い형용사	맵습니다
うえ	上	명사	위
した	下	명사	아래
やすいです	安いです	い형용사	쌉니다
うしろ	後ろ	명사	뒤
ふくざつです	複雑です	な형용사	복잡합니다

PART 21

有名な 芸能人に
なりたいです

🌿 유명한 연예인이 되고 싶습니다

💡 **학습 목표**

변화 표현에 희망 표현을 연결하여 장래 희망을 말할 수 있다.

💡 **학습 포인트**

☑ 명사 + 이(가) 됩니다 = 명사 + **になります**

☑ 명사 + 이(가) 되고 싶습니다= 명사 + **になりたいです**

☑ 어떤 + 명사 + 이(가) 되고 싶습니까? = **どんな** + 명사 + **になりたいですか?**

💡 **미리보기** 🎧 MP3 21-01

有名だ 유명하다 | **芸能人** 연예인 | **先生** 선생님 | **お母さん** 어머니 | **おもしろい** 재미있다

優しい 상냥하다 | **大人** 어른 | **社長** 사장님 | **どんな** 어떤 | **いい** 좋다 | **親切だ** 친절하다

01 명사의 변화 표현

명사 + 이(가) 됩니다 = 명사 + に なります

✈ 명사에 '~이(가) 됩니다'라는 뜻의 'に なります'를 연결하면 '명사이(가) 됩니다'라는 변화 표현이
됩니다. 이때 주의할 점은 '~이(가)'를 나타내는 조사 'が'가 아니라 'に'를 써야 한다는 점입니다.

선생님이 됩니다. = 先生^{せんせい}に なります。

어머니가 됩니다. = お母^{かあ}さんに なります。

02 명사의 변화 희망 표현

명사 + 이(가) 되고 싶습니다 = 명사 + に なりたいです

✈ '명사이(가) 되고 싶습니다'라는 뜻의 '명사に なります'에서 'ます' 대신 희망을 나타내는 'たい
です'를 연결하면 '~이(가) 되고 싶습니다'란 뜻이 됩니다. 'たいです'를 부정형이나 과거형으로
도 활용할 수 있고, 말 끝에 'か'를 붙여서 의문문으로도 만들 수 있습니다.

선생님이 되고 싶습니다. = 先生^{せんせい}に なりたいです。

어머니가 되고 싶습니까? = お母^{かあ}さんに なりたいですか?

03 | 의문사를 사용한 변화 희망 표현

어떤 + 명사 + 이(가) 되고 싶습니까?

= どんな + 명사 + に なりたいですか?

'어떤'이란 뜻의 의문사 'どんな'를 사용해서 구체적인 희망 표현을 물어볼 수 있습니다. 이 때 형용사로 명사를 수식하여 'な형용사な/い형용사 + 명사に なりたいです'라고 대답할 수 있습니다.

Q: 어떤 선생님이 되고 싶습니까? = どんな 先生に なりたいですか?

A: 재미있는 선생님이 되고 싶습니다. = おもしろい 先生に なりたいです。

Q: 어떤 어머니가 되고 싶었습니까? = どんな お母さんに なりたかったですか?

A: 상냥한 어머니가 되고 싶었습니다. = 優しい お母さんに なりたかったです。

문장 구조를 반복해서 연습해 보자.

❶ 어른이 됩니다.

大人に なります。

❷ 사장이 됩니다.

社長に なります。

❸ 어른이 되고 싶습니다.

大人に なりたいです。

❹ 사장이 되고 싶었습니다.

社長に なりたかったです。

❺ 어른이 되고 싶습니까?

大人に なりたいですか?

❻ 사장이 되고 싶었습니까?

社長に なりたかったですか?

❼ Q: 어떤 어른이 되고 싶습니까?

Q: どんな 大人に なりたいですか?

❽ A: 좋은 어른이 되고 싶습니다.

A: いい 大人に なりたいです。

❾ Q: 어떤 사장이 되고 싶었습니까?

Q: どんな 社長に なりたかったですか?

❿ A: 친절한 사장이 되고 싶었습니다.

A: 親切な 社長に なりたかったです。

문장 구조를 1초 만에 해석해 보자.

❶ 大人に なります。
おとな

❷ 社長に なります。
しゃちょう

❸ 大人に なりたいです。
おとな

❹ 社長に なりたかったです。
しゃちょう

❺ 大人に なりたいですか?
おとな

❻ 社長に なりたかったですか?
しゃちょう

❼ Q: どんな 大人に なりたいですか?
おとな

❽ A: いい 大人に なりたいです。
おとな

❾ Q: どんな 社長に なりたかったですか?
しゃちょう

❿ A: 親切な 社長に なりたかったです。
しんせつ　　しゃちょう

문장 구조를 1초 만에 일본어로 말해 보자.

❶ 어른이 됩니다.

❷ 사장이 됩니다.

❸ 어른이 되고 싶습니다.

❹ 사장이 되고 싶었습니다.

❺ 어른이 되고 싶습니까?

❻ 사장이 되고 싶었습니까?

❼ Q: 어떤 어른이 되고 싶습니까?

❽ A: 좋은 어른이 되고 싶습니다.

❾ Q: 어떤 사장이 되고 싶었습니까?

❿ A: 친절한 사장이 되고 싶었습니다.

응용표현

어째서 + 명사이(가) 되고 싶습니까?

= どうして + 명사に なりたいですか?

* '어째서'란 뜻의 의문사 'どうして'를 사용하여 이유를 물을 수 있습니다.

문장을 확장해 보자.

❶ 어째서 선생님이 되고 싶습니까?　　どうして 先生に なりたいですか?

❷ 어째서 어머니가 되고 싶습니까?　　どうして お母さんに なりたいですか?

❸ 어째서 어른이 되고 싶습니까?　　どうして 大人に なりたいですか?

❹ 어째서 사장이 되고 싶습니까?　　どうして 社長に なりたいですか?

❺ 어째서 선생님이 되고 싶었습니까?　　どうして 先生に なりたかったですか?

❻ 어째서 어머니가 되고 싶었습니까?　　どうして お母さんに なりたかったですか?

❼ 어째서 어른이 되고 싶었습니까?　　どうして 大人に なりたかったですか?

❽ 어째서 사장이 되고 싶었습니까?　　どうして 社長に なりたかったですか?

문장 구조를 1초 만에 해석해 보자.

❶ どうして 先生に なりたいですか?
....

❷ どうして お母さんに なりたいですか?
....

❸ どうして 大人に なりたいですか?
....

❹ どうして 社長に なりたいですか?
....

❺ どうして 先生に なりたかったですか?
....

❻ どうして お母さんに なりたかったですか?
....

❼ どうして 大人に なりたかったですか?
....

❽ どうして 社長に なりたかったですか?
....

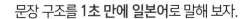 문장 구조를 1초 만에 일본어로 말해 보자.

❶ 어째서 선생님이 되고 싶습니까?
....

❷ 어째서 어머니가 되고 싶습니까?
....

❸ 어째서 어른이 되고 싶습니까?
....

❹ 어째서 사장이 되고 싶습니까?
....

❺ 어째서 선생님이 되고 싶었습니까?
....

❻ 어째서 어머니가 되고 싶었습니까?
....

❼ 어째서 어른이 되고 싶었습니까?
....

❽ 어째서 사장이 되고 싶었습니까?
....

가이드에게 장래희망의 이유를 물어보고 있다. 🎧 MP3 21-02

나 どうして ガイドに なりたかったですか？

왜 가이드가 되고 싶었습니까?

가이드 旅行が 好きですから。　여행을 좋아하기 때문입니다.

나 私も 旅行が とても 好きです。

本当に いい 仕事ですね。

저도 여행을 매우 좋아합니다. 정말 좋은 직업이네요.

가이드 はい、この 仕事が 大好きです。

네, 이 일을 아주 좋아합니다.

플러스 단어

旅行 여행 ｜ **仕事** 일 ｜ **大好きだ** 아주 좋아하다

오모시로이 니홍고

산수

산수는 한자로 算数(셈 산, 셈 수)라고 쓰며, 일본어로는 '산수우'라고 발음합니다. ん을 충분히 한 박자로 읽어주는 것과 수우라고 길게 장음으로 읽는 것에 유의하세요.

PART 22

有名に
なりたいです

유명해지고 싶습니다

💡 **학습 목표**

な형용사의 부사형을 사용해서 변화 표현을 만들고 희망 표현을 연결할 수 있다.

💡 **학습 포인트**

☑ **な**형용사 + 해집니다 = **な**형용사 + **に なります**

☑ **な**형용사 + 해지고 싶습니다 = **な**형용사 + **に なりたいです**

☑ 어째서 + **な**형용사 + 해지고 싶습니까? = **どうして** + **な**형용사 + **に なりたいですか？**

💡 **미리보기** 🎧 MP3 22-01

上手だ 능숙하다 | 健康だ 건강하다 | 暇だ 한가하다 | きれいだ 예쁘다 | どう 어떻게 | どうすれば 어떻게 하면

01 な형용사의 변화 표현

な형용사 + 해집니다 = **な**형용사 + に なります

✈ 'な형용사に'는 'な형용사하게'라는 뜻의 부사라는 것을 배웠습니다. 여기에 '됩니다'라는 뜻의
'なります'를 연결하면 'な형용사해집니다', 'な형용사하게 됩니다'라는 변화 표현이 됩니다.

능숙해집니다. = 上手に なります。

건강해졌습니다. = 健康に なりました。

02 な형용사의 변화 희망 표현

な형용사 + 해지고 싶습니다 = **な**형용사 + に なりたいです

✈ 'な형용사해집니다'라는 뜻의 'な형용사に なります'에서 'ます' 대신 희망을 나타내는 'たいで
す'를 연결하면 'な형용사해지고 싶습니다', 'な형용사하게 되고 싶습니다'란 뜻이 됩니다. 'たい
です'를 부정형이나 과거형으로도 활용할 수 있고, 말 끝에 'か'를 붙여서 의문문으로도 만들 수
있습니다.

능숙해지고 싶습니다. = 上手に なりたいです。

건강해지고 싶었습니다. = 健康に なりたかったです。

어째서 + **な**형용사 + 해지고 싶습니까?

= どうして + **な**형용사 + に なりたいですか？

'어째서'라는 뜻의 의문사 'どうして'를 사용해서 변화 희망의 이유를 질문할 수 있습니다.

어째서 능숙해지고 싶습니까? = どうして 上手に なりたいですか？
じょう ず

어째서 건강해지고 싶습니까? = どうして 健康に なりたいですか？
けんこう

문장 구조를 반복해서 연습해 보자.

❶ 능숙해집니다.

上手(じょうず)に なります。

❷ 건강해집니다.

健康(けんこう)に なります。

❸ 한가해지고 싶습니다.

暇(ひま)に なりたいです。

❹ 예뻐지고 싶었습니다.

きれいに なりたかったです。

❺ 능숙해지고 싶습니까?

上手(じょうず)に なりたいですか?

❻ 건강해지고 싶었습니까?

健康(けんこう)に なりたかったですか?

❼ 한가해지고 싶습니까?

暇(ひま)に なりたいですか?

❽ 예뻐지고 싶었습니까?

きれいに なりたかったですか?

❾ 어째서 한가해지고 싶습니까?

どうして 暇(ひま)に なりたいですか?

❿ 어째서 예뻐지고 싶었습니까?

どうして きれいに なりたかったですか?

문장 구조를 1초 만에 해석해 보자.

❶ 上手に なります。
じょうず

❷ 健康に なります。
けんこう

❸ 暇に なりたいです。
ひま

❹ きれいに なりたかったです。

❺ 上手に なりたいですか?
じょうず

❻ 健康に なりたかったですか?
けんこう

❼ 暇に なりたいですか?
ひま

❽ きれいに なりたかったですか?

❾ どうして 暇に なりたいですか?
ひま

❿ どうして きれいに なりたかったですか?

문장 구조를 1초 만에 일본어로 말해 보자.

❶ 능숙해집니다.

❷ 건강해집니다.

❸ 한가해지고 싶습니다.

❹ 예뻐지고 싶었습니다.

❺ 능숙해지고 싶습니까?

❻ 건강해지고 싶었습니까?

❼ 한가해지고 싶습니까?

❽ 예뻐지고 싶었습니까?

❾ 어째서 한가해지고 싶습니까?

❿ 어째서 예뻐지고 싶었습니까?

응용표현

어떻게/어떻게 하면 + **な형용사**해집니까?

= どう/どうすれば + **な형용사**に なりますか?

* '어떻게'란 뜻의 의문사 'どう'와 '어떻게 하면'이란 뜻의 'どうすれば'를 사용하여 방법을 물을 수 있습니다.

✦ 문장을 확장해 보자.

❶ 어떻게 능숙해집니까?　　　　　　　どう 上手に なりますか?

❷ 어떻게 건강해집니까?　　　　　　　どう 健康に なりますか?

❸ 어떻게 한가해집니까?　　　　　　　どう 暇に なりますか?

❹ 어떻게 예뻐집니까?　　　　　　　　どう きれいに なりますか?

❺ 어떻게 하면 능숙해집니까?　　　　　どうすれば 上手に なりますか?

❻ 어떻게 하면 건강해집니까?　　　　　どうすれば 健康に なりますか?

❼ 어떻게 하면 한가해집니까?　　　　　どうすれば 暇に なりますか?

❽ 어떻게 하면 예뻐집니까?　　　　　　どうすれば きれいに なりますか?

문장 구조를 1초 만에 해석해 보자.

❶ どう 上手(じょうず)に なりますか?

❺ どうすれば 上手(じょうず)に なりますか?

❷ どう 健康(けんこう)に なりますか?

❻ どうすれば 健康(けんこう)に なりますか?

❸ どう 暇(ひま)に なりますか?

❼ どうすれば 暇(ひま)に なりますか?

❹ どう きれいに なりますか?

❽ どうすれば きれいに なりますか?

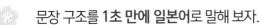

문장 구조를 1초 만에 일본어로 말해 보자.

❶ 어떻게 능숙해집니까?

❺ 어떻게 하면 능숙해집니까?

❷ 어떻게 건강해집니까?

❻ 어떻게 하면 건강해집니까?

❸ 어떻게 한가해집니까?

❼ 어떻게 하면 한가해집니까?

❹ 어떻게 예뻐집니까?

❽ 어떻게 하면 예뻐집니까?

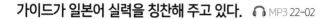

말해보기

가이드가 일본어 실력을 칭찬해 주고 있다. 🎧 MP3 22-02

가이드 ソンさんは 日本語が 本当に 上手ですね。

손 씨는 일본어를 정말 잘하시네요.

나 あ、そうですか？ ありがとうございます。

아, 그래요? 감사합니다.

가이드 どうすれば 日本語が 上手に なりますか？

어떻게 하면 일본어를 잘하게 됩니까?

나 日本のドラマを たくさん 見ると、上手に なります。

일본 드라마를 많이 보면, 잘하게 됩니다.

플러스 단어

ドラマ 드라마 | **たくさん** 많이

오모시로이 니홍고

치안

치안은 한자로 治安(다스릴 치, 편안할 안)이라고 쓰며, 일본어로는 'ちあん'이라고 발음합니다. ん을 충분히 한 박자로 읽어주는 것에 유의하세요.

PART 23

強^{つよ}く なりたいです

강해지고 싶습니다

💡 **학습 목표**

い형용사의 부사형을 사용해서 변화 표현을 만들고 희망 표현을 연결할 수 있다.

💡 **학습 포인트**

☑️ い형용사 + 집니다 = い형용사(い) + **く なります**

☑️ い형용사 + 지고 싶습니다= い형용사(い) + **く なりたいです**

💡 **미리보기** 🎧 MP3 23-01

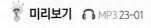

強^{つよ}い 강하다 | 大^{おお}きい 크다 | 明^{あか}るい 밝다 | おもしろい 재미있다

---

01 い형용사의 변화 표현

い형용사 + 집니다 = い형용사(い) + くなります

✈ 'い형용사(い) く'는 'い형용사게'라는 뜻의 부사라는 것을 배웠습니다. 여기에 '됩니다'라는 뜻의 'なります'를 연결하면 'い형용사집니다', 'い형용사게 됩니다'라는 변화 표현이 됩니다.

강해집니다. = 強_{つよ}く なります。

커집니다. = 大_{おお}きく なります。

밝아졌습니다. = 明_{あか}るく なりました。

재미있어졌습니다. = おもしろく なりました。

02 い형용사의 변화 희망 표현

い형용사 + 지고 싶습니다 = い형용사(い) + くなりたいです

'い형용사집니다'라는 뜻의 'い형용사(い)く なります'에서 'ます' 대신 희망을 나타내는 'たい
です'를 연결하면 'い형용사지고 싶습니다', 'い형용사게 되고 싶습니다'란 뜻이 됩니다. 'たい
です'를 부정형이나 과거형으로도 활용할 수 있고, 말 끝에 'か'를 붙여서 의문문으로도 만들 수
있습니다.

강해지고 싶습니다. = 強く なりたいです。

커지고 싶지 않습니다. = 大きく なりたく ありません。

밝아지고 싶었습니다. = 明るく なりたかったです。

재미있어지고 싶지 않았습니다. = おもしろく なりたく ありませんでした。

문장 구조를 반복해서 연습해 보자.

❶ 강해집니다.　　　　　　　　強_{つよ}くなります。

❷ 커집니다.　　　　　　　　大_{おお}きくなります。

❸ 밝아지고 싶습니다.　　　　　明_{あか}るくなりたいです。

❹ 재미있어지고 싶지 않습니다.　おもしろくなりたくありません。

❺ 강해지고 싶었습니다.　　　　強_{つよ}くなりたかったです。

❻ 커지고 싶지 않았습니다.　　　大_{おお}きくなりたくありませんでした。

❼ 밝아지고 싶습니까?　　　　　明_{あか}るくなりたいですか?

❽ 재미있어지고 싶지 않습니까?　おもしろくなりたくありませんか?

❾ 강해지고 싶었습니까?　　　　強_{つよ}くなりたかったですか?

❿ 커지고 싶지 않았습니까?　　　大_{おお}きくなりたくありませんでしたか?

문장 구조를 1초 만에 해석해 보자.

❶ 強く なります。
つよ

❷ 大きく なります。
おお

❸ 明るく なりたいです。
あか

❹ おもしろく なりたく ありません。

❺ 強く なりたかったです。
つよ

❻ 大きく なりたく ありませんでした。
おお

❼ 明るく なりたいですか?
あか

❽ おもしろく なりたく ありませんか?

❾ 強く なりたかったですか?
つよ

❿ 大きく なりたく ありませんでしたか?
おお

문장 구조를 1초 만에 일본어로 말해 보자.

❶ 강해집니다.

❷ 커집니다.

❸ 밝아지고 싶습니다.

❹ 재미있어지고 싶지 않습니다.

❺ 강해지고 싶었습니다.

❻ 커지고 싶지 않았습니다.

❼ 밝아지고 싶습니까?

❽ 재미있어지고 싶지 않습니까?

❾ 강해지고 싶었습니까?

❿ 커지고 싶지 않았습니까?

응용표현

어째서 + い형용사지고 싶습니까?

= なぜ + い형용사(い)くなりたいですか?

* '어째서'란 뜻의 의문사 'なぜ'를 사용하여 이유를 물을 수 있습니다. 'なぜ'는 'どうして'보다 좀 더 문장에서 쓰이고 정중한 느낌이 듭니다.

 문장을 확장해 보자.

❶ 어째서 강해지고 싶습니까? なぜ 強_{つよ}く なりたいですか?

❷ 어째서 커지고 싶습니까? なぜ 大_{おお}きく なりたいですか?

❸ 어째서 밝아지고 싶지 않습니까? なぜ 明_{あか}るく なりたく ありませんか?

❹ 어째서 재미있어지고 싶지 않습니까? なぜ おもしろく なりたく ありませんか?

❺ 어째서 강해지고 싶었습니까? なぜ 強_{つよ}く なりたかったですか?

❻ 어째서 커지고 싶었습니까? なぜ 大_{おお}きく なりたかったですか?

❼ 어째서 밝아지고 싶지 않았습니까? なぜ 明_{あか}るく なりたく ありませんでしたか?

❽ 어째서 재미있어지고 싶지 않았습니까? なぜ おもしろく なりたく ありませんでしたか?

문장 구조를 1초 만에 해석해 보자.

❶ なぜ 強^{つよ}く なりたいですか?
....

❷ なぜ 大^{おお}きく なりたいですか?
....

❸ なぜ 明^{あか}るく なりたく ありませんか?
....

❹ なぜ おもしろく なりたく ありませんか?
....

❺ なぜ 強^{つよ}く なりたかったですか?
....

❻ なぜ 大^{おお}きく なりたかったですか?
....

❼ なぜ 明^{あか}るく なりたく ありませんでしたか?
....

❽ なぜおもしろくなりたくありませんでしたか?
....

문장 구조를 1초 만에 일본어로 말해 보자.

❶ 어째서 강해지고 싶습니까?
....

❷ 어째서 커지고 싶습니까?
....

❸ 어째서 밝아지고 싶지 않습니까?
....

❹ 어째서 재미있어지고 싶지 않습니까?
....

❺ 어째서 강해지고 싶었습니까?
....

❻ 어째서 커지고 싶었습니까?
....

❼ 어째서 밝아지고 싶지 않았습니까?
....

❽ 어째서 재미있어지고 싶지 않았습니까?
....

가이드가 박 씨의 인기를 부러워하고 있다. 🎧 MP3 23-02

가이드 パクさんは おもしろい 人(ひと)ですね。

박 씨는 재미있는 사람이네요.

나 あ、そうですか? 아, 그렇습니까?

가이드 私(わたし)も おもしろく なりたいです。

저도 재미있어지고 싶습니다.

나 なぜですか? 어째서입니까?

가이드 おもしろい 人(ひと)が 人気(にんき)が ありますから。

재미있는 사람이 인기가 있기 때문입니다.

플러스 단어

人(ひと) 사람 | **人気**(にんき) 인기

오모시로이 니홍고

기관

기관은 한자로 機関(틀 기, 관계할 관)이라고 쓰며, 일본어로는 'きかん'이라고 발음합니다. ん을 충분히 한 박자로 읽어주는 것에 유의하세요.

PART 24

でん　しゃ
電車に
の　　　　か
乗り換えるそうです

 전철로 갈아탄다고 합니다

💡 **학습 목표**

동사를 사용해서 정보를 전달하는 표현을 말할 수 있다.

💡 **학습 포인트**

☑ 동사 + 한다고 합니다 = 동사원형 + **そうです**

☑ 동사 + 하지 않는다고 합니다= 동사**ない**형 + **そうです**

☑ 동사 + 했다고 합니다= 동사**た**형 + **そうです**

💡 **미리보기** 🎧 MP3 24-01

の　か
乗り換える 갈아타다 | **会う** 만나다 | **乗る** 타다 | **医者** 의사 | **タクシー** 택시 | **〜号線** ~호선

01 동사 현재 긍정형 전문 표현

동사 + 한다고 합니다 = 동사원형 + そうです

✈ 동사원형에 '~라고 합니다'라는 뜻의 'そうです'를 연결하면 '동사한다고 합니다'라는 정보를 전달하는 문장이 됩니다. 이러한 문장을 '전문 표현'이라고 합니다.

만난다고 합니다. = 会うそうです。

탄다고 합니다. = 乗るそうです。

02 동사 현재 부정형 전문 표현

동사 + 하지 않는다고 합니다 = 동사ない형 + そうです

✈ 동사ない형에 '~라고 합니다'라는 뜻의 'そうです'를 연결하면 '동사하지 않는다고 합니다'라는 정보를 전달하는 문장이 됩니다.

만나지 않는다고 합니다. = 会わないそうです。

타지 않는다고 합니다. = 乗らないそうです。

03 | 동사 과거 긍정형 전문 표현

동사 + 했다고 합니다 = 동사た형 + そうです

✈ 동사た형에 '~라고 합니다'라는 뜻의 'そうです'를 연결하면 '동사했다고 합니다'라는 정보를
전달하는 문장이 됩니다.

만났다고 합니다. = 会ったそうです。

탔다고 합니다. = 乗ったそうです。

※ 문장 구조를 반복해서 연습해 보자.

❶ 만난다고 합니다.　　　　　会^あうそうです。

❷ 탄다고 합니다.　　　　　　乗^のるそうです。

❸ 갈아탄다고 합니다.　　　　乗^のり換^かえるそうです。

❹ 간다고 합니다.　　　　　　行^いくそうです。

❺ 만나지 않는다고 합니다.　　会^あわないそうです。

❻ 타지 않는다고 합니다.　　　乗^のらないそうです。

❼ 갈아타지 않는다고 합니다.　乗^のり換^かえないそうです。

❽ 만났다고 합니다.　　　　　会^あったそうです。

❾ 탔다고 합니다.　　　　　　乗^のったそうです。

❿ 갈아탔다고 합니다.　　　　乗^のり換^かえたそうです。

문장 구조를 1초 만에 해석해 보자.

❶ 会うそうです。
....

❷ 乗るそうです。
....

❸ 乗り換えるそうです。
....

❹ 行くそうです。
....

❺ 会わないそうです。
....

❻ 乗らないそうです。
....

❼ 乗り換えないそうです。
....

❽ 会ったそうです。
....

❾ 乗ったそうです。
....

❿ 乗り換えたそうです。
....

문장 구조를 1초 만에 일본어로 말해 보자.

❶ 만난다고 합니다.
....

❷ 탄다고 합니다.
....

❸ 갈아탄다고 합니다.
....

❹ 간다고 합니다.
....

❺ 만나지 않는다고 합니다.
....

❻ 타지 않는다고 합니다.
....

❼ 갈아타지 않는다고 합니다.
....

❽ 만났다고 합니다.
....

❾ 탔다고 합니다.
....

❿ 갈아탔다고 합니다.
....

응용하기

응용표현

명사 + 을(를)/으로 + 동사한다고/하지 않는다고/했다고 합니다

= 명사 + に + 동사원형/**ない형**/**た형そうです**

* '会う(만나다)', '乗る(타다)', '乗り換える(갈아타다)' 등은 앞에 '~을(를)'로 해석하지만 조사 'を'가 아닌 'に'를 쓰는 동사입니다.

문장을 확장해 보자.

❶ 의사를 만난다고 합니다.　　　　　　医者に 会うそうです。

❷ 택시를 탄다고 합니다.　　　　　　　タクシーに 乗るそうです。

❸ 2호선으로 갈아탄다고 합니다.　　　 2号線に 乗り換えるそうです。

❹ 의사를 만나지 않는다고 합니다.　　 医者に 会わないそうです。

❺ 택시를 타지 않는다고 합니다.　　　 タクシーに 乗らないそうです。

❻ 2호선으로 갈아타지 않는다고 합니다.　2号線に 乗り換えないそうです。

❼ 의사를 만났다고 합니다.　　　　　　医者に 会ったそうです。

❽ 택시를 탔다고 합니다.　　　　　　　タクシーに 乗ったそうです。

문장 구조를 1초 만에 해석해 보자.

❶ 医者に 会うそうです。

❷ タクシーに 乗るそうです。

❸ 2号線に 乗り換えるそうです。

❹ 医者に 会わないそうです。

❺ タクシーに 乗らないそうです。

❻ 2号線に 乗り換えないそうです。

❼ 医者に 会ったそうです。

❽ タクシーに 乗ったそうです。

문장 구조를 1초 만에 일본어로 말해 보자.

❶ 의사를 만난다고 합니다.

❷ 택시를 탄다고 합니다.

❸ 2호선으로 갈아탄다고 합니다.

❹ 의사를 만나지 않는다고 합니다.

❺ 택시를 타지 않는다고 합니다.

❻ 2호선으로 갈아타지 않는다고 합니다.

❼ 의사를 만났다고 합니다.

❽ 택시를 탔다고 합니다.

이 씨에게 오사카까지 가는 방법을 물어보고 있다. 🎧 MP3 24-02

나　大阪までは どうやって 行くそうですか？

오사카까지는 어떻게 간다고 합니까?

이 씨　新幹線に 乗るそうです。

신칸센을 탄다고 합니다.

나　本当ですか？ 新幹線に 乗りたかったです。

정말입니까? 신칸센을 타고 싶었습니다.

이 씨　私もです。

저도입니다.

플러스 단어

どうやって 어떻게 ｜ **大阪** 오사카 ｜ **新幹線** 신칸센

오모시로이 니홍고

미만

미만은 한자로 未満(아닐 미, 찰 만)이라고 쓰며, 일본어로는 'みまん'이라고 발음합니다. ん을 충분히 한 박자로 읽어주는 것에 유의하세요.

PART 25

おいしいそうです

맛있다고 합니다

💡 **학습 목표**

い형용사를 사용해서 정보를 전달하는 표현을 말할 수 있다.

💡 **학습 포인트**

☑ い형용사 + 다고 합니다 = い형용사 + **そうです**

☑ い형용사 + 지 않다고 합니다= い형용사(**い**) + **く ないそうです**

☑ い형용사 + 었다고 합니다= い형용사(**い**) + **かったそうです**

💡 **미리보기** 🎧 MP3 25-01

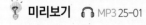

<u>とお</u>
遠い 멀다 | <u>ちか</u>
近い 가깝다 | <u>あつ</u>
暑い 덥다 | <u>ともだち</u>
友達 친구 | <u>かれ し</u>
彼氏 남자친구 | <u>しゃちょう</u>
社長 사장님 | **によると** ~에 의하면

01 い형용사 현재 긍정형 전문 표현

い형용사 + 다고 합니다 = い형용사 + そうです

✈ い형용사의 반말 현재형인 'い형용사(い)'에 '~라고 합니다'라는 뜻의 'そうです'를 연결하면 'い형용사다고 합니다'라는 정보를 전달하는 문장이 됩니다.

멀다고 합니다. = 遠<small>とお</small>いそうです。

가깝다고 합니다. = 近<small>ちか</small>いそうです。

02 い형용사 현재 부정형 전문 표현

い형용사 + 지 않다고 합니다 = い형용사(い) + くないそうです

✈ い형용사의 반말 부정형인 'い형용사(い)く ない'에 '~라고 합니다'라는 뜻의 'そうです'를 연결하면 'い형용사지 않다고 합니다'라는 정보를 전달하는 문장이 됩니다.

멀지 않다고 합니다. = 遠<small>とお</small>く ないそうです。

가깝지 않다고 합니다. = 近<small>ちか</small>く ないそうです。

03 い형용사 과거 긍정형 전문 표현

い형용사 + 었다고 합니다 = い형용사(い) + かったそうです

い형용사의 반말 과거형인 'い형용사(い)かった'에 '~라고 합니다'라는 뜻의 'そうです'를 연결하면 'い형용사었다고 합니다'라는 정보를 전달하는 문장이 됩니다.

멀었다고 합니다. = 遠かったそうです。

가까웠다고 합니다. = 近かったそうです。

문장 구조를 반복해서 연습해 보자.

❶ 멀다고 합니다.   <ruby>遠<rt>とお</rt></ruby>いそうです。

❷ 가깝다고 합니다.   <ruby>近<rt>ちか</rt></ruby>いそうです。

❸ 덥다고 합니다.   <ruby>暑<rt>あつ</rt></ruby>いそうです。

❹ 멀지 않다고 합니다.   <ruby>遠<rt>とお</rt></ruby>くないそうです。

❺ 가깝지 않다고 합니다.   <ruby>近<rt>ちか</rt></ruby>くないそうです。

❻ 덥지 않다고 합니다.   <ruby>暑<rt>あつ</rt></ruby>くないそうです。

❼ 멀었다고 합니다.   <ruby>遠<rt>とお</rt></ruby>かったそうです。

❽ 가까웠다고 합니다.   <ruby>近<rt>ちか</rt></ruby>かったそうです。

❾ 더웠다고 합니다.   <ruby>暑<rt>あつ</rt></ruby>かったそうです。

❿ 맛있었다고 합니다.   おいしかったそうです。

문장 구조를 1초 만에 해석해 보자.

❶ 遠_{とお}いそうです。
....

❷ 近_{ちか}いそうです。
....

❸ 暑_{あつ}いそうです。
....

❹ 遠_{とお}くないそうです。
....

❺ 近_{ちか}くないそうです。
....

❻ 暑_{あつ}くないそうです。
....

❼ 遠_{とお}かったそうです。
....

❽ 近_{ちか}かったそうです。
....

❾ 暑_{あつ}かったそうです。
....

❿ おいしかったそうです。
....

문장 구조를 1초 만에 일본어로 말해 보자.

❶ 멀다고 합니다.
....

❷ 가깝다고 합니다.
....

❸ 덥다고 합니다.
....

❹ 멀지 않다고 합니다.
....

❺ 가깝지 않다고 합니다.
....

❻ 덥지 않다고 합니다.
....

❼ 멀었다고 합니다.
....

❽ 가까웠다고 합니다.
....

❾ 더웠다고 합니다.
....

❿ 맛있었다고 합니다.
....

응용하기

응용표현

명사 + 에 의하면 + い형용사다고/지 않다고/었다고 합니다

= 명사 + によると + い형용사/(い)くない/(い)かったそうです

* 명사에 '~에 의하면'이라는 뜻의 'によると'를 연결하면 구체적인 정보의 출처를 밝힐 수 있습니다.

문장을 확장해 보자.

❶ 친구에 의하면 멀다고 합니다.　　　　　友達によると 遠いそうです。

❷ 남자친구에 의하면 가깝다고 합니다.　　彼氏によると 近いそうです。

❸ 사장님에 의하면 덥다고 합니다.　　　　社長によると 暑いそうです。

❹ 친구에 의하면 멀지 않다고 합니다.　　　友達によると 遠く ないそうです。

❺ 남자친구에 의하면 가깝지 않다고 합니다.　彼氏によると 近く ないそうです。

❻ 사장님에 의하면 덥지 않다고 합니다.　　社長によると 暑く ないそうです。

❼ 친구에 의하면 멀었다고 합니다.　　　　友達によると 遠かったそうです。

❽ 남자친구에 의하면 가까웠다고 합니다.　彼氏によると 近かったそうです。

문장 구조를 1초 만에 해석해 보자.

❶ 友達<ruby>ともだち</ruby>に よると 遠<ruby>とお</ruby>いそうです。

❷ 彼氏<ruby>かれし</ruby>に よると 近<ruby>ちか</ruby>いそうです。

❸ 社長<ruby>しゃちょう</ruby>に よると 暑<ruby>あつ</ruby>いそうです。

❹ 友達<ruby>ともだち</ruby>に よると 遠<ruby>とお</ruby>く ないそうです。

❺ 彼氏<ruby>かれし</ruby>に よると 近<ruby>ちか</ruby>く ないそうです。

❻ 社長<ruby>しゃちょう</ruby>に よると 暑<ruby>あつ</ruby>く ないそうです。

❼ 友達<ruby>ともだち</ruby>に よると 遠<ruby>とお</ruby>かったそうです。

❽ 彼氏<ruby>かれし</ruby>に よると 近<ruby>ちか</ruby>かったそうです。

문장 구조를 1초 만에 일본어로 말해 보자.

❶ 친구에 의하면 멀다고 합니다.

❷ 남자친구에 의하면 가깝다고 합니다.

❸ 사장님에 의하면 덥다고 합니다.

❹ 친구에 의하면 멀지 않다고 합니다.

❺ 남자친구에 의하면 가깝지 않다고 합니다.

❻ 사장님에 의하면 덥지 않다고 합니다.

❼ 친구에 의하면 멀었다고 합니다.

❽ 남자친구에 의하면 가까웠다고 합니다.

이 씨에게 오사카까지 걸리는 시간을 물어보고 있다. 🎧 MP3 25-02

나 　大阪までは 遠いですかね？

오사카까지는 멀까요?

이 씨 　日本人の 友達に よると 遠く ないそうです。

일본인 친구에 의하면 멀지 않다고 합니다.

나 　そうですか？

그렇습니까?

이 씨 　新幹線で 2時間 かかるそうです。

신칸센으로 2시간 걸린다고 합니다.

플러스 단어

時間 시간 ｜ **かかる** 걸리다

오모시로이 니홍고

후쿠오카

후쿠오카는 일본 남서부의 규슈지방 최대 도시입니다. 한국에서 후쿠오카는 비행기로 1시간 20분 내외로 도착 가능하고, 심지어 후쿠오카 공항에서 시내까지 10분정도밖에 걸리지 않아서 부담 없이 여행할 수 있는 지역이지요. 후쿠오카의 하카타 라면은 일본의 3대 라면 중 하나라고 하니 꼭 먹어 보길 추천합니다!

실력업그레이드5

✏️ PART 21에서 PART 25까지 배웠던 문형을 복습해 봅시다.

PART 21 有名な芸能人になりたいです

• 명사 + 이(가) 됩니다 = 명사 + になります　　　　• 명사 + 이(가) 되고 싶습니다 = 명사 + になりたいです

• 어떤 + 명사 + 이(가) 되고 싶습니까? = どんな + 명사 + になりたいですか?

PART 22 有名になりたいです

• な형용사 + 해집니다 = な형용사 + になります

• な형용사 + 해지고 싶습니다 = な형용사 + になりたいです

• 어째서 + な형용사 + 해지고 싶습니까? = どうして + な형용사 + になりたいですか?

PART 23 強くなりたいです

• い형용사 + 집니다 = い형용사(い) + くなります

• い형용사 + 지고 싶습니다 = い형용사(い) + くなりたいです

PART 24 電車に乗り換えるそうです

• 동사 + 한다고 합니다 = 동사원형 + そうです　　　　• 동사 + 하지않는다고 합니다 = 동사ない형 + そうです

• 동사 + 했다고 합니다 = 동사た형 + そうです

PART 25 おいしいそうです

• い형용사 + 다고 합니다 = い형용사 + そうです

• い형용사 + 지 않다고 합니다 = い형용사(い) + くないそうです

• い형용사 + 었다고 합니다 = い형용사(い) + かったそうです

앞에서 배웠던 문형에 추가 단어들을 적용해 연습해 봅시다.

읽는 법	한자	품사	뜻
きれいです	綺麗です	な형용사	예쁩니다
じょせい	女性	명사	여성
すてきです	素敵です	な형용사	훌륭합니다
だんせい	男性	명사	남성
まじめです	真面目です	な형용사	성실합니다
ぎんこういん	銀行員	명사	은행원
おもしろいです	面白いです	い형용사	재미있습니다
さっか	作家	명사	작가
かしゅ	歌手	명사	가수
べんごし	弁護士	명사	변호사
おとうさん	お父さん	명사	아버지
ほこらしいです	誇らしいです	い형용사	자랑스럽습니다
がくせい	学生	명사	학생
アナウンサー		명사	아나운서
アーティスト		명사	아티스트
おしゃれです		な형용사	멋집니다
りっぱです	立派です	な형용사	훌륭합니다
ゆうめいです	有名です	な형용사	유명합니다

읽는 법	한자	품사	뜻
すなおです	素直です	な형용사	솔직합니다
じょうずです	上手です	な형용사	잘합니다
じょうぶです	丈夫です	な형용사	튼튼합니다
らくです	楽です	な형용사	편합니다
しあわせです	幸せです	な형용사	행복합니다
つよいです	強いです	い형용사	강합니다
かしこいです	賢いです	い형용사	현명합니다
いそがしいです	忙しいです	い형용사	바쁩니다
あかるいです	明るいです	い형용사	밝습니다
うつくしいです	美しいです	い형용사	아름답습니다
わかいです	若いです	い형용사	젊습니다
たのしいです	楽しいです	い형용사	즐겁습니다
あたま	頭	명사	머리
つづける	続ける	동사	계속하다
ふえる	増える	동사	증가하다
にげる	逃げる	동사	도망치다
あこがれる	憧れる	동사	동경하다
きにいる	気に入る	동사	마음에 들다

읽는 법	한자	품사	뜻
ぼしゅうする	募集する	동사	모집하다
あやまる	謝る	동사	사과하다
かんどうする	感動する	동사	감동하다
きがえる	着替える	동사	갈아입다
けっせきする	欠席する	동사	결석하다
おわる	終わる	동사	끝나다
くろいです	黒いです	い형용사	까맣습니다
しろいです	白いです	い형용사	하얗습니다
あおいです	青いです	い형용사	파랗습니다
かるいです	軽いです	い형용사	가볍습니다
よわいです	弱いです	い형용사	약합니다
おおいです	多いです	い형용사	많습니다
すくないです	少ないです	い형용사	적습니다
ちいさいです	小さいです	い형용사	작습니다
からいです	辛いです	い형용사	맵습니다
すっぱいです	酸っぱいです	い형용사	십니다
しおからいです	塩辛いです	い형용사	짭니다

PART 26

簡単だそうです
かん たん

간단하다고 합니다

 학습 목표

な형용사를 사용해서 정보를 전달하는 표현을 말할 수 있다.

학습 포인트

☑ **な형용사 + 하다고 합니다 = な형용사 + そうです**

☑ **な형용사 + 하지 않다고 합니다 = な형용사 + じゃ ないそうです**

☑ **な형용사 + 했다고 합니다 = な형용사 + だったそうです**

미리보기 🎧 MP3 26-01

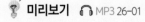

簡単だ 간단하다 | **元気だ** 건강하다 | **暇だ** 한가하다 | **大丈夫だ** 괜찮다 | **話** 이야기
かんたん　　　　　　　げんき　　　　　　　ひま　　　　　　　だいじょうぶ　　　　　　はなし

では ~로는 | **家族** 가족 | **お父さん** 아버지 | **お母さん** 어머니
　　　　　　　　か ぞく　　　　　と う　　　　　　　　か あ

01 な형용사 현재 긍정형 전문 표현

な형용사 + 하다고 합니다 = **な**형용사 + **そうです**

✒ **な**형용사의 반말 현재형인 '**な**형용사だ'에 '~라고 합니다'라는 뜻의 '**そうです**'를 연결하면 '**な** 형용사하다고 합니다'라는 정보를 전달하는 문장이 됩니다.

건강하다고 합니다. = 元気だそうです。

한가하다고 합니다. = 暇だそうです。

02 な형용사 현재 부정형 전문 표현

な형용사 + 하지 않다고 합니다 = **な**형용사 + **じゃ ないそうです**

✒ **な**형용사의 반말 부정형인 '**な**형용사じゃ ない'에 '~라고 합니다'라는 뜻의 '**そうです**'를 연결 하면 '**な**형용사하지 않다고 합니다'라는 정보를 전달하는 문장이 됩니다.

건강하지 않다고 합니다. = 元気じゃ ないそうです。

한가하지 않다고 합니다. = 暇じゃ ないそうです。

な형용사 + 했다고 합니다 = な형용사 + だったそうです

な형용사의 반말 과거형인 'な형용사だった'에 '~라고 합니다'라는 뜻의 'そうです'를 연결하면 'な형용사했다고 합니다'라는 정보를 전달하는 문장이 됩니다.

건강했다고 합니다. = 元気だったそうです。
げん き

한가했다고 합니다. = 暇だったそうです。
ひま

문장 구조를 **반복**해서 **연습**해 보자.

❶ 건강하다고 합니다.
_{げん き}
元気だそうです。

❷ 한가하다고 합니다.
_{ひま}
暇だそうです。

❸ 괜찮다고 합니다.
_{だいじょう ぶ}
大丈夫だそうです。

❹ 건강하지 않다고 합니다.
_{げん き}
元気じゃ ないそうです。

❺ 한가하지 않다고 합니다.
_{ひま}
暇じゃ ないそうです。

❻ 괜찮지 않다고 합니다.
_{だいじょう ぶ}
大丈夫じゃ ないそうです。

❼ 건강했다고 합니다.
_{げん き}
元気だったそうです。

❽ 한가했다고 합니다.
_{ひま}
暇だったそうです。

❾ 괜찮았다고 합니다.
_{だいじょう ぶ}
大丈夫だったそうです。

❿ 간단했다고 합니다.
_{かんたん}
簡単だったそうです。

문장 구조를 1초 만에 해석해 보자.

❶ 元気だそうです。

❷ 暇だそうです。

❸ 大丈夫だそうです。

❹ 元気じゃ ないそうです。

❺ 暇じゃ ないそうです。

❻ 大丈夫じゃ ないそうです。

❼ 元気だったそうです。

❽ 暇だったそうです。

❾ 大丈夫だったそうです。

❿ 簡単だったそうです。

문장 구조를 1초 만에 일본어로 말해 보자.

❶ 건강하다고 합니다.

❷ 한가하다고 합니다.

❸ 괜찮다고 합니다.

❹ 건강하지 않다고 합니다.

❺ 한가하지 않다고 합니다.

❻ 괜찮지 않다고 합니다.

❼ 건강했다고 합니다.

❽ 한가했다고 합니다.

❾ 괜찮았다고 합니다.

❿ 간단했다고 합니다.

응용표현

명사 + 의 이야기로는 + **な**형용사하다고/하지 않다고/했다고 합니다

= 명사 + **の 話^{はなし}では** + **な**형용사/**じゃ ない**/**だったそうです**

* 명사에 '~의 이야기로는'이라는 뜻의 '**の 話^{はなし}では**'를 연결하면 구체적인 출처를 밝힐 수 있습니다.

문장을 확장해 보자.

❶ 가족의 이야기로는 건강하다고 합니다.　　　家族^{か ぞく}の 話^{はなし}では 元気^{げん き}だそうです。

❷ 아버지의 이야기로는 한가하다고 합니다.　　お父^{とう}さんの 話^{はなし}では 暇^{ひ ま}だそうです。

❸ 어머니의 이야기로는 괜찮다고 합니다.　　　お母^{か あ}さんの 話^{はなし}では 大丈夫^{だいじょう ぶ}だそうです。

❹ 가족의 이야기로는 건강하지 않다고 합니다.　家族^{か ぞく}の 話^{はなし}では 元気^{げん き}じゃ ないそうです。

❺ 아버지의 이야기로는 한가하지 않다고 합니다.　お父^{とう}さんの 話^{はなし}では 暇^{ひ ま}じゃ ないそうです。

❻ 어머니의 이야기로는 괜찮지 않다고 합니다.　お母^{か あ}さんの 話^{はなし}では 大丈夫^{だいじょう ぶ}じゃ ないそうです。

❼ 가족의 이야기로는 건강했다고 합니다.　　　家族^{か ぞく}の 話^{はなし}では 元気^{げん き}だったそうです。

❽ 아버지의 이야기로는 한가했다고 합니다.　　お父^{とう}さんの 話^{はなし}では 暇^{ひ ま}だったそうです。

문장 구조를 1초 만에 해석해 보자.

❶ 家族の 話では 元気だそうです。

❷ お父さんの 話では 暇だそうです。

❸ お母さんの 話では 大丈夫だそうです。

❹ 家族の 話では 元気じゃ ないそうです。

❺ お父さんの 話では 暇じゃ ないそうです。

❻ お母さんの 話では 大丈夫じゃ ないそうです。

❼ 家族の 話では 元気だったそうです。

❽ お父さんの 話では 暇だったそうです。

문장 구조를 1초 만에 일본어로 말해 보자.

❶ 가족의 이야기로는 건강하다고 합니다.

❷ 아버지의 이야기로는 한가하다고 합니다.

❸ 어머니의 이야기로는 괜찮다고 합니다.

❹ 가족의 이야기로는 건강하지 않다고 합니다.

❺ 아버지의 이야기로는 한가하지 않다고 합니다.

❻ 어머니의 이야기로는 괜찮지 않다고 합니다.

❼ 가족의 이야기로는 건강했다고 합니다.

❽ 아버지의 이야기로는 한가했다고 합니다.

이 씨와 함께 김 씨를 걱정하고 있다. 🎧 MP3 26-02

나　キムさんは 大丈夫ですか？

김 씨는 괜찮습니까?

이 씨　ガイドさんの 話では 大丈夫だそうですが……。

가이드 님의 이야기로는 괜찮다고 합니다만…….

나　そうですか? よかったですね。

그렇습니까? 다행이네요.

이 씨　そうですね。

그러게요.

플러스 단어

ガイドさん 가이드 님 ｜ **よかった** 다행이다

오모시로이 니홍고

유인

유인은 한자로 誘引(꾈 유, 끌 인)이라고 쓰며, 일본어로는 'ゆういん'이라고 발음합니다. ゆう라고 길게 장음으로 읽는 것과 ん을 충분히 한 박자로 읽어주는 것에 유의하세요.

PART 27

先生だそうです
せん　せい

선생님이라고 합니다

💡 **학습 목표**

명사를 사용해서 정보를 전달하는 표현을 말할 수 있다.

💡 **학습 포인트**

☑ 명사 + 라고 합니다 = 명사 + **だそうです**

☑ 명사 + 이(가) 아니라고 합니다 = 명사 + **じゃ ないそうです**

☑ 명사 + 이었다고 합니다 = 명사 + **だったそうです**

💡 **미리보기** 🎧 MP3 27-01

大学生 대학생 | **会社員** 회사원 | **芸能人** 연예인 | **実は** 실은
だいがくせい　　　　　かいしゃいん　　　　げいのうじん　　　じつ

01 │ 명사문 현재 긍정형 전문 표현

명사 + 라고 합니다 = 명사 + だそうです

✈ 명사의 반말 현재형인 '명사だ'에 '~라고 합니다'라는 뜻의 'そうです'를 연결하면 '명사라고 합니다'라는 정보를 전달하는 문장이 됩니다. 꼭 명사 뒤에 'だ'를 붙이는 것에 주의하세요.

대학생이라고 합니다. = **大学生**だそうです。
  だいがくせい

회사원이라고 합니다. = **会社員**だそうです。
  かいしゃいん

02 │ 명사문 현재 부정형 전문 표현

명사 + 이(가) 아니라고 합니다 = 명사 + じゃ ないそうです

✈ 명사의 반말 부정형인 '명사じゃ ない'에 '~라고 합니다'라는 뜻의 'そうです'를 연결하면 '명사 이(가) 아니라고 합니다'라는 정보를 전달하는 문장이 됩니다.

대학생이 아니라고 합니다. = **大学生**じゃ ないそうです。
  だいがくせい

회사원이 아니라고 합니다. = **会社員**じゃ ないそうです。
  かいしゃいん

명사 + 이었다고 합니다 = 명사 + だったそうです

명사의 반말 과거형인 '명사だった'에 '~라고 합니다'라는 뜻의 'そうです'를 연결하면 '명사이 었다고 합니다'라는 정보를 전달하는 문장이 됩니다.

대학생이었다고 합니다. = <ruby>大学生<rt>だいがくせい</rt></ruby>だったそうです。

회사원이었다고 합니다. = <ruby>会社員<rt>かいしゃいん</rt></ruby>だったそうです。

❄ 문장 구조를 반복해서 연습해 보자.

❶ 대학생이라고 합니다. ‸ 大学生(だいがくせい)だそうです。

....

❷ 회사원이라고 합니다. 会社員(かいしゃいん)だそうです。

....

❸ 연예인이라고 합니다. 芸能人(げいのうじん)だそうです。

....

❹ 대학생이 아니라고 합니다. 大学生(だいがくせい)じゃ ないそうです。

....

❺ 회사원이 아니라고 합니다. 会社員(かいしゃいん)じゃ ないそうです。

....

❻ 연예인이 아니라고 합니다. 芸能人(げいのうじん)じゃ ないそうです。

....

❼ 대학생이었다고 합니다. 大学生(だいがくせい)だったそうです。

....

❽ 회사원이었다고 합니다. 会社員(かいしゃいん)だったそうです。

....

❾ 연예인이었다고 합니다. 芸能人(げいのうじん)だったそうです。

....

❿ 선생님이었다고 합니다. 先生(せんせい)だったそうです。

....

문장 구조를 1초 만에 해석해 보자.

❶ 大学生だそうです。
だいがくせい

❻ 芸能人じゃ ないそうです。
げいのうじん

❷ 会社員だそうです。
かいしゃいん

❼ 大学生だったそうです。
だいがくせい

❸ 芸能人だそうです。
げいのうじん

❽ 会社員だったそうです。
かいしゃいん

❹ 大学生じゃ ないそうです。
だいがくせい

❾ 芸能人だったそうです。
げいのうじん

❺ 会社員じゃ ないそうです。
かいしゃいん

❿ 先生だったそうです。
せんせい

문장 구조를 1초 만에 일본어로 말해 보자.

❶ 대학생이라고 합니다.

❻ 연예인이 아니라고 합니다.

❷ 회사원이라고 합니다.

❼ 대학생이었다고 합니다.

❸ 연예인이라고 합니다.

❽ 회사원이었다고 합니다.

❹ 대학생이 아니라고 합니다.

❾ 연예인이었다고 합니다.

❺ 회사원이 아니라고 합니다.

❿ 선생님이었다고 합니다.

응용표현

실은 + 명사라고/이(가) 아니라고/이었다고 합니다
= 実^{じつ}は + 명사だ/じゃ ない/だったそうです

* '실은'이라는 뜻의 '実^{じつ}は'를 연결하면 사실여부를 밝힐 수 있습니다.

✳ 문장을 확장해 보자.

❶ 실은 대학생이라고 합니다.　　　実^{じつ}は 大学生^{だいがくせい}だそうです。

❷ 실은 회사원이라고 합니다.　　　実^{じつ}は 会社員^{かいしゃいん}だそうです。

❸ 실은 연예인이라고 합니다.　　　実^{じつ}は 芸能人^{げいのうじん}だそうです。

❹ 실은 대학생이 아니라고 합니다.　　実^{じつ}は 大学生^{だいがくせい}じゃ ないそうです。

❺ 실은 회사원이 아니라고 합니다.　　実^{じつ}は 会社員^{かいしゃいん}じゃ ないそうです。

❻ 실은 연예인이 아니라고 합니다.　　実^{じつ}は 芸能人^{げいのうじん}じゃ ないそうです。

❼ 실은 대학생이었다고 합니다.　　　実^{じつ}は 大学生^{だいがくせい}だったそうです。

❽ 실은 회사원이었다고 합니다.　　　実^{じつ}は 会社員^{かいしゃいん}だったそうです。

문장 구조를 1초 만에 해석해 보자.

❶ 実は 大学生だそうです。
じつ　だいがくせい

❺ 実は 会社員じゃ ないそうです。
じつ　かいしゃいん

❷ 実は 会社員だそうです。
じつ　かいしゃいん

❻ 実は 芸能人じゃ ないそうです。
じつ　げいのうじん

❸ 実は 芸能人だそうです。
じつ　げいのうじん

❼ 実は 大学生だったそうです。
じつ　だいがくせい

❹ 実は 大学生じゃ ないそうです。
じつ　だいがくせい

❽ 実は 会社員だったそうです。
じつ　かいしゃいん

문장 구조를 1초 만에 일본어로 말해 보자.

❶ 실은 대학생이라고 합니다.

❺ 실은 회사원이 아니라고 합니다.

❷ 실은 회사원이라고 합니다.

❻ 실은 연예인이 아니라고 합니다.

❸ 실은 연예인이라고 합니다.

❼ 실은 대학생이었다고 합니다.

❹ 실은 대학생이 아니라고 합니다.

❽ 실은 회사원이었다고 합니다.

이 씨에게 점심 메뉴를 물어보고 있다. 🎧 MP3 27-02

나 　今日の 昼ごはんは 何ですかね?

오늘 점심밥은 뭘까요?

이 씨 　とんカツだそうです。

돈가스라고 합니다.

나 　とんカツですか? 昨日も とんカツでしたね。

돈가스요? 어제도 돈가스였잖아요.

이 씨 　そうですね。

그러게요.

플러스 단어

昼ごはん 점심밥 ｜ **とんカツ** 돈가스 ｜ **昨日** 어제

오모시로이 니홍고

심사

심사는 한자로 審査(살필 심, 조사할 사)라고 쓰며, 일본어로는 'しんさ'라고 발음합니다. ん을 충분히 한 박자로 읽어주는 것에 유의하세요.

PART 28

買うことに しました
사기로 했습니다

💡 **학습 목표**

동사를 명사로 만들어 본인의 적극적인 결심이나 결정 표현을 말할 수 있다.

💡 **학습 포인트**

☑ 동사 + 하기/동사 + 하지 않기 = 동사원형 + **こと**/동사**ない형** + **こと**

☑ 동사 + 하기로 + 합니다/했습니다 = 동사원형 + **ことに** + **します/しました**

☑ 동사 + 하지 않기로 + 합니다/했습니다 = 동사**ない형** + **ことに** + **します/しました**

💡 **미리보기** 🎧 MP3 28-01

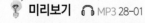

買う 사다 | 勉強する 공부하다 | 行く 가다 | まで ~까지 | ～時 ~시 | 午後 오후

01 동사의 명사화

동사 + 하기 = 동사원형 + こと

동사 + 하지 않기 = 동사ない형 + こと

✈ 동사원형에 '~것'이란 뜻의 'こと'를 붙이면 '동사하기'라는 명사가 됩니다. 또한 동사ない형에 'こと'를 붙이면 '동사하지 않기'라는 명사가 됩니다.

공부하기 = 勉強_{べんきょう}すること

가지 않기 = 行_いかないこと

02 긍정적인 결심이나 결정을 나타내는 표현

동사 + 하기로 + 합니다/했습니다

= 동사원형 + ことに + します/しました

✈ 동사원형에 'こと'를 붙이고 '~로 합니다'란 뜻의 'にします'를 연결하면 '동사하기로 합니다'라는 본인의 적극적인 결정 표현이 됩니다. 또한 'します' 대신 'しました'를 연결하면 '동사하기로 했습니다'로 이미 그렇게 결심했다는 표현이 됩니다.

공부하기로 합니다. = 勉強_{べんきょう}することに します。

가기로 했습니다. = 行_いくことに しました。

동사 + 하지 않기로 + 합니다/했습니다

= 동사ない형 + ことに + します/しました

동사ない형에 'こと'를 붙이고 '~로 합니다'란 뜻의 'にします'를 연결하면 '동사하지 않기로 합니다'라는 본인의 적극적인 결정 표현이 됩니다. 또한 'します' 대신 'しました'를 연결하면 '동사하지 않기로 했습니다'로 이미 그렇게 결심했다는 표현이 됩니다.

공부하지 않기로 합니다. = 勉強^{べんきょう}しないことに します。

가지 않기로 했습니다. = 行^いかないことに しました。

문장 구조를 반복해서 연습해 보자.

❶ 공부하기로 합니다.

勉強することに します。

❷ 가기로 합니다.

行くことに します。

❸ 사기로 합니다.

買うことに します。

❹ 공부하기로 했습니다.

勉強することに しました。

❺ 가기로 했습니다.

行くことに しました。

❻ 사기로 했습니다.

買うことに しました。

❼ 공부하지 않기로 합니다.

勉強しないことに します。

❽ 가지 않기로 합니다.

行かないことに します。

❾ 공부하지 않기로 했습니다.

勉強しないことに しました。

❿ 가지 않기로 했습니다.

行かないことに しました。

문장 구조를 1초 만에 해석해 보자.

❶ 勉強する ことに します。

❷ 行く ことに します。

❸ 買う ことに します。

❹ 勉強する ことに しました。

❺ 行く ことに しました。

❻ 買う ことに しました。

❼ 勉強しない ことに します。

❽ 行かない ことに します。

❾ 勉強しない ことに しました。

❿ 行かない ことに しました。

문장 구조를 1초 만에 일본어로 말해 보자.

❶ 공부하기로 합니다.

❷ 가기로 합니다.

❸ 사기로 합니다.

❹ 공부하기로 했습니다.

❺ 가기로 했습니다.

❻ 사기로 했습니다.

❼ 공부하지 않기로 합니다.

❽ 가지 않기로 합니다.

❾ 공부하지 않기로 했습니다.

❿ 가지 않기로 했습니다.

응용표현

명사 + 까지(는) + 동사하기로/하지 않기로 했습니다

= 명사 + **まで(は)** + 동사원형/동사**ない형ことにしました**

* 시간을 나타내는 명사에 '~까지(는)'이라는 뜻의 '**まで(は)**'를 접속하여 기한을 말할 수 있습니다.

❄ 문장을 확장해 보자.

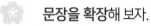

❶ 3시까지 공부하기로 했습니다.　　　3時まで 勉強することに しました。

❷ 3시까지 먹기로 했습니다.　　　　　3時まで 食べることに しました。

❸ 오후까지 공부하기로 했습니다.　　　午後まで 勉強することに しました。

❹ 오후까지 먹기로 했습니다.　　　　　午後まで 食べることに しました。

❺ 3시까지는 공부하지 않기로 했습니다.　　3時までは 勉強しないことに しました。

❻ 3시까지는 먹지 않기로 했습니다.　　3時までは 食べないことに しました。

❼ 오후까지는 공부하지 않기로 했습니다.　午後までは 勉強しないことに しました。

❽ 오후까지는 먹지 않기로 했습니다.　午後までは 食べないことに しました。

문장 구조를 1초 만에 해석해 보자.

❶ 3時<ruby>じ</ruby>まで 勉強<ruby>べんきょう</ruby>することに しました。

❷ 3時<ruby>じ</ruby>まで 食<ruby>た</ruby>べることに しました。

❸ 午後<ruby>ごご</ruby>まで 勉強<ruby>べんきょう</ruby>することに しました。

❹ 午後<ruby>ごご</ruby>まで 食<ruby>た</ruby>べることに しました。

❺ 3時<ruby>じ</ruby>までは 勉強<ruby>べんきょう</ruby>しないことに しました。

❻ 3時<ruby>じ</ruby>までは 食<ruby>た</ruby>べないことに しました。

❼ 午後<ruby>ごご</ruby>までは 勉強<ruby>べんきょう</ruby>しないことにしました。

❽ 午後<ruby>ごご</ruby>までは 食<ruby>た</ruby>べないことに しました。

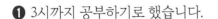

문장 구조를 1초 만에 일본어로 말해 보자.

❶ 3시까지 공부하기로 했습니다.

❷ 3시까지 먹기로 했습니다.

❸ 오후까지 공부하기로 했습니다.

❹ 오후까지 먹기로 했습니다.

❺ 3시까지는 공부하지 않기로 했습니다.

❻ 3시까지는 먹지 않기로 했습니다.

❼ 오후까지는 공부하지 않기로 했습니다.

❽ 오후까지는 먹지 않기로 했습니다.

가게에서 점원에게 추천을 받고 있다. 🎧 MP3 28-02

나　どれがいいですか?

어느 것이 좋습니까?

점원　これは 高^{たか}く ありませんが、丈夫^{じょう ぶ}です。

これは 高^{たか}いですが、かわいいです。

이것은 비싸지 않지만, 튼튼합니다. 저것은 비싸지만 귀엽습니다.

나　じゃ、これを 買^かうことに します。

그럼, 이것을 사기로 하겠습니다.

점원　はい、ありがとうございます。

네, 감사합니다.

플러스 단어

高^{たか}い 비싸다 | **丈夫^{じょう ぶ}だ** 튼튼하다 | **かわいい** 귀엽다

오모시로이 니홍고

탄산

탄산은 한자로 炭酸(숯 탄, 실 산)이라고 쓰며, 일본어로는 'たんさん'이라고 발음합니다. ん을 충분히 한 박자로 읽어주는 것에 유의하세요.

PART 29

買うことに
なりました

사게 됐습니다

💡 학습 목표

동사를 명사로 만들어 외부에 의한 결정 표현을 말할 수 있다.

💡 학습 포인트

☑ 동사 + 하게 + 됩니다/됐습니다 = 동사원형 + **ことに** + **なります/なりました**

☑ 동사 + 하지 않게 + 됩니다/됐습니다 = 동사**ない**형 + **ことに** + **なります/なりました**

💡 미리보기 🎧 MP3 29-01

買う 사다 | 勉強する 공부하다 | 行く 가다 | 待つ 기다리다 | しかたなく 어쩔 수 없이

살펴보기

01 긍정적인 결정을 나타내는 표현

동사 + 하게 + 됩니다/됐습니다

= 동사원형 + ことに + なります/なりました

동사원형에 'こと'를 붙이고 '~하게 됩니다'란 뜻의 'になります'를 연결하면 '동사하게 됩니다'라는 외부에 의한 결정 표현이 됩니다. 또한 'なります' 대신 'なりました'를 연결하면 '동사하게 됐습니다'로 이미 결정된 사항에 대해 말하는 표현이 됩니다.

공부하게 됩니다. = 勉強することに なります。

가게 됩니다. = 行くことに なります。

공부하게 됐습니다. = 勉強することに なりました。

가게 됐습니다. = 行くことに なりました。

02 부정적인 결정을 나타내는 표현

동사 + 하지 않게 + 됩니다/됐습니다

= 동사ない형 + ことに + なります/なりました

동사ない형에 'こと'를 붙이고 '~하게 됩니다'란 뜻의 'になります'를 연결하면 '동사하지 않게 됩니다'라는 외부에 의한 결정 표현이 됩니다. 또한 'なります' 대신 'なりました'를 연결하면 '동사하지 않게 됐습니다'로 이미 결정된 사항에 대해 말하는 표현이 됩니다.

공부하지 않게 됩니다. = 勉強^{べんきょう}しないことに なります。

가지 않게 됩니다. = 行^いかないことに なります。

공부하지 않게 됐습니다. = 勉強^{べんきょう}しないことに なりました。

가지 않게 됐습니다. = 行^いかないことに なりました。

문장 구조를 반복해서 연습해 보자.

❶ 공부하게 됩니다.　　　　　べんきょう
　　　　　　　　　　　　　　勉強することに なります。

❷ 가게 됩니다.　　　　　　　い
　　　　　　　　　　　　　　行くことに なります。

❸ 기다리게 됩니다.　　　　　ま
　　　　　　　　　　　　　　待つことに なります。

❹ 공부하게 됐습니다.　　　　べんきょう
　　　　　　　　　　　　　　勉強することに なりました。

❺ 가게 됐습니다.　　　　　　い
　　　　　　　　　　　　　　行くことに なりました。

❻ 기다리게 됐습니다.　　　　ま
　　　　　　　　　　　　　　待つことに なりました。

❼ 공부하지 않게 됩니다.　　べんきょう
　　　　　　　　　　　　　　勉強しないことに なります。

❽ 가지 않게 됩니다.　　　　い
　　　　　　　　　　　　　　行かないことに なります。

❾ 공부하지 않게 됐습니다.　べんきょう
　　　　　　　　　　　　　　勉強しないことに なりました。

❿ 가지 않게 됐습니다.　　　い
　　　　　　　　　　　　　　行かないことに なりました。

문장 구조를 1초 만에 해석해 보자.

❶ 勉強<small>べんきょう</small>することに なります。

....

❷ 行<small>い</small>くことに なります。

....

❸ 待<small>ま</small>つことに なります。

....

❹ 勉強<small>べんきょう</small>することに なりました。

....

❺ 行<small>い</small>くことに なりました。

....

❻ 待<small>ま</small>つことに なりました。

....

❼ 勉強<small>べんきょう</small>しないことに なります。

....

❽ 行<small>い</small>かないことに なります。

....

❾ 勉強<small>べんきょう</small>しないことに なりました。

....

❿ 行<small>い</small>かないことに なりました。

....

문장 구조를 1초 만에 일본어로 말해 보자.

❶ 공부하게 됩니다.

....

❷ 가게 됩니다.

....

❸ 기다리게 됩니다.

....

❹ 공부하게 됐습니다.

....

❺ 가게 됐습니다.

....

❻ 기다리게 됐습니다.

....

❼ 공부하지 않게 됩니다.

....

❽ 가지 않게 됩니다.

....

❾ 공부하지 않게 됐습니다.

....

❿ 가지 않게 됐습니다.

....

응용표현

어쩔 수 없이 + 동사하게/하지 않게 됐습니다

= しかたなく + 동사원형/동사**ない형**ことに なりました

* '어쩔 수 없이'라는 뜻의 'しかたなく'를 접속하여 의도치 않은 결정에 대해 말할 수 있습니다.

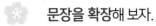 문장을 확장해 보자.

❶ 어쩔 수 없이 공부하게 됐습니다.　　　　しかたなく 勉強することに なりました。

❷ 어쩔 수 없이 가게 됐습니다.　　　　　　しかたなく 行くことに なりました。

❸ 어쩔 수 없이 기다리게 됐습니다.　　　　しかたなく 待つことに なりました。

❹ 어쩔 수 없이 사게 됐습니다.　　　　　　しかたなく 買うことに なりました。

❺ 어쩔 수 없이 공부하지 않게 됐습니다.　　しかたなく 勉強しないことに なりました。

❻ 어쩔 수 없이 가지 않게 됐습니다.　　　　しかたなく 行かないことに なりました。

❼ 어쩔 수 없이 기다리지 않게 됐습니다.　　しかたなく 待たないことに なりました。

❽ 어쩔 수 없이 사지 않게 됐습니다.　　　　しかたなく 買わないことに なりました。

문장 구조를 1초 만에 해석해 보자.

❶ しかたなく勉強することに なりました。
....

❷ しかたなく行くことに なりました。
....

❸ しかたなく待つことに なりました。
....

❹ しかたなく買うことに なりました。
....

❺ しかたなく勉強しないことに なりました。
....

❻ しかたなく行かないことに なりました。
....

❼ しかたなく待たないことに なりました。
....

❽ しかたなく買わないことに なりました。
....

문장 구조를 1초 만에 일본어로 말해 보자.

❶ 어쩔 수 없이 공부하게 됐습니다.
....

❷ 어쩔 수 없이 가게 됐습니다.
....

❸ 어쩔 수 없이 기다리게 됐습니다.
....

❹ 어쩔 수 없이 사게 됐습니다.
....

❺ 어쩔 수 없이 공부하지 않게 됐습니다.
....

❻ 어쩔 수 없이 가지 않게 됐습니다.
....

❼ 어쩔 수 없이 기다리지 않게 됐습니다.
....

❽ 어쩔 수 없이 사지 않게 됐습니다.
....

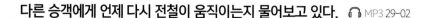

말해보기

다른 승객에게 언제 다시 전철이 움직이는지 물어보고 있다. 🎧 MP3 29-02

나 どうして 電車が 動きませんか?

왜 전철이 움직이지 않습니까?

승객 事故で しかたなく 待つことに なりました。

사고로 어쩔 수 없이 기다리게 되었습니다.

나 じゃ、いつまで 待つことに なりますか?

그럼, 언제까지 기다리게 됩니까?

승객 1時までは 待つことに なりました。

1시까지는 기다리게 되었습니다.

나 あ……。 아…….

플러스 단어

電車 전철 | **動く** 움직이다 | **事故** 사고 | **1時** 1시

오모시로이 니홍고

지리

지리는 한자로 地理(땅 지, 다스릴 리)라고 쓰며, 일본어로는 'ちり'라고 발음합니다. 짧게 ちり라고 읽어 주는 것에 유의하세요.

PART 30

それで たくさん
買(か)いました

그래서 많이 샀습니다

💡 **학습 목표**

접속사를 사용하여 문장을 더욱 풍부하게 말할 수 있다.

💡 **학습 포인트**

☑ 그러니까/그래서 = だから/それで
☑ 그리고 나서/그리고 = それから/そして

☑ 그러나/그렇더라도 = しかし/でも
☑ 아니면/또는 = それとも/または

💡 **미리보기** 🎧 MP3 30-01

たくさん 많이 | 買(か)う 사다 | 有名(ゆうめい)だ 유명하다 | 高(たか)い 비싸다 | まあまあ 그저 그런 상태

おいしい 맛있다 | 人気(にんき) 인기 | 景色(けしき) 경치 | きれいだ 예쁘다 | 辛(から)い 맵다

01 | 순접의 접속사

그러니까, 그렇기 때문에 = だから

그래서 = それで

✈ 앞 문장과 뒤 문장을 그대로 이어주는 순접의 접속사에는 '그러니까, 그렇기 때문에' 등을 뜻하는 'だから'와 '그래서'를 뜻하는 'それで'가 있습니다.

그렇기 때문에 유명합니다. = だから 有名です。

그래서 유명합니다. = それで 有名です。

02 | 역접의 접속사

그러나 = しかし

그렇더라도, 그래도 = でも

✈ 앞 문장과 뒤 문장을 반대로 이어주는 역접의 접속사에는 '그러나'를 뜻하는 'しかし'와 '그렇더라도, 그래도' 등을 뜻하는 'でも'가 있습니다. 뒤 문장은 앞 문장과 상반되는 내용이 와야 합니다.

그러나 매우 비쌉니다. = しかし とても 高いです。

그렇더라도 매우 비쌉니다. = でも とても 高いです。

03 | 첨가의 접속사

그리고 나서 = それから

그리고 = そして

✈ 앞 문장의 내용을 뒤 문장이 더해주는 첨가의 접속사에는 '그리고 나서'를 뜻하는 'それから'와 '그리고'를 뜻하는 'そして'가 있습니다.

그리고 나서 저것은 그저 그렇습니다. = それから あれは まあまあです。

그리고 저것은 그저 그렇습니다. = そして あれは まあまあです。

04 | 선택의 접속사

아니면 = それとも

또는 = または

✈ 앞 문장과 뒤 문장 중 하나를 선택하는 선택의 접속사에는 '아니면'을 뜻하는 'それとも'와 '또는'을 뜻하는 'または'가 있습니다.

아니면 저것이 맛있습니까? = それとも あれが おいしいですか？

또는 저것이 맛있습니까? = または あれが おいしいですか？

문장 구조를 반복해서 연습해 보자.

❶ 매우 맛있네요.　　　　　　　　　とても おいしいですね。
　그렇기 때문에 유명합니다.　　　　だから 有名です。
　　　　　　　　　　　　　　　　　　　　　　（ゆうめい）

❷ 매우 맛있네요.　　　　　　　　　とても おいしいですね。
　그래서 유명합니다.　　　　　　　それで 有名です。
　　　　　　　　　　　　　　　　　　　　　　（ゆうめい）

❸ 이것은 매우 맛있습니다.　　　　　これは とても おいしいです。
　그러나 매우 비쌉니다.　　　　　　しかし とても 高いです。
　　　　　　　　　　　　　　　　　　　　　　（たか）

❹ 이것은 매우 맛있습니다.　　　　　これは とても おいしいです。
　그렇더라도 매우 비쌉니다.　　　　でも とても 高いです。
　　　　　　　　　　　　　　　　　　　　　　（たか）

❺ 이것은 맛있습니다.　　　　　　　これは おいしいです。
　그리고 나서 저것은 그저 그렇습니다.　それから あれは まあまあです。

❻ 이것은 맛있습니다.　　　　　　　これは おいしいです。
　그리고 저것은 그저 그렇습니다.　そして あれは まあまあです。

❼ 이것이 맛있습니까?　　　　　　　これが おいしいですか?
　아니면 저것이 맛있습니까?　　　それとも あれが おいしいですか?

❽ 이것이 맛있습니까?　　　　　　　これが おいしいですか?
　또는 저것이 맛있습니까?　　　　または あれが おいしいですか?

문장 구조를 1초 만에 해석해 보자.

❶ とても おいしいですね。
だから 有名です。

❷ とても おいしいですね。
それで 有名です。

❸ これは とても おいしいです。
しかし とても 高いです。

❹ これは とても おいしいです。
でも とても 高いです。

❺ これは おいしいです。
それから あれは まあまあです。

❻ これは おいしいです。
そして あれは まあまあです。

❼ これが おいしいですか?
それとも あれが おいしいですか?

❽ これが おいしいですか?
または あれが おいしいですか?

문장 구조를 1초 만에 일본어로 말해 보자.

❶ 매우 맛있네요.
그렇기 때문에 유명합니다.

❷ 매우 맛있네요.
그래서 유명합니다.

❸ 이것은 매우 맛있습니다.
그러나 매우 비쌉니다.

❹ 이것은 매우 맛있습니다.
그렇더라도 매우 비쌉니다.

❺ 이것은 맛있습니다.
그리고 나서 저것은 그저 그렇습니다.

❻ 이것은 맛있습니다.
그리고 저것은 그저 그렇습니다.

❼ 이것이 맛있습니까?
아니면 저것이 맛있습니까?

❽ 이것이 맛있습니까?
또는 저것이 맛있습니까?

응용표현

~겠죠 = でしょう

* 'です' 대신 '~겠죠'라는 뜻의 'でしょう'를 사용하면 상대방에게 동의를 구하거나 추측할 때 말할 수 있습니다.

문장을 확장해 보자.

❶ 매우 맛있네요.
　　그렇기 때문에 인기이겠죠.

とても おいしいですね。
だから 人気でしょう。

❷ 이것은 맛있습니다.
　　그러나 비싸겠죠.

これは おいしいです。
しかし 高いでしょう。

❸ 경치 예쁘네요.
　　그래서 유명하겠죠.

景色 きれいですね。
それで 有名でしょう。

❹ 이것 맵네요.
　　그렇더라도 맛있겠죠.

これ 辛いですね。
でも おいしいでしょう。

❺ 매우 맛있네요.
　　그렇기 때문에 유명하겠죠.

とても おいしいですね。
だから 有名でしょう。

❻ 이것은 맛있습니다.
　　그래서 인기이겠죠.

これは おいしいです。
それで 人気でしょう。

문장 구조를 1초 만에 해석해 보자.

❶ とても おいしいですね。
　だから 人気でしょう。
・・・・・・・・・・・・・・・・・・・・・・・・・・・・・・・・

❷ これは おいしいです。
　しかし 高いでしょう。
・・・・・・・・・・・・・・・・・・・・・・・・・・・・・・・・

❸ 景色 きれいですね。
　それで 有名でしょう。
・・・・・・・・・・・・・・・・・・・・・・・・・・・・・・・・

❹ これ 辛いですね。
　でも おいしいでしょう。
・・・・・・・・・・・・・・・・・・・・・・・・・・・・・・・・

❺ とても おいしいですね。
　だから 有名でしょう。
・・・・・・・・・・・・・・・・・・・・・・・・・・・・・・・・

❻ これは おいしいです。
　それで 人気でしょう。
・・・・・・・・・・・・・・・・・・・・・・・・・・・・・・・・

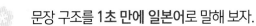

문장 구조를 1초 만에 일본어로 말해 보자.

❶ 매우 맛있네요.
　그렇기 때문에 인기이겠죠.
・・・・・・・・・・・・・・・・・・・・・・・・・・・・・・・・

❷ 이것은 맛있습니다.
　그러나 비싸겠죠.
・・・・・・・・・・・・・・・・・・・・・・・・・・・・・・・・

❸ 경치 예쁘네요.
　그래서 유명하겠죠.
・・・・・・・・・・・・・・・・・・・・・・・・・・・・・・・・

❹ 이것 맵네요.
　그렇더라도 맛있겠죠.
・・・・・・・・・・・・・・・・・・・・・・・・・・・・・・・・

❺ 매우 맛있네요.
　그렇기 때문에 유명하겠죠.
・・・・・・・・・・・・・・・・・・・・・・・・・・・・・・・・

❻ 이것은 맛있습니다.
　그래서 인기이겠죠.

기념품 가게에서 점원에게 추천을 받고 있다. 🎧 MP3 30-02

나　お土産は 何が いいですか？

기념품은 뭐가 좋습니까?

점원　これが おいしくて 有名です。 はい、どうぞ。

이것이 맛있고 유명합니다. 자, 드셔 보세요.

나　とても おいしいですね。 だから 有名でしょう。

매우 맛있네요. 그러니까 유명하겠죠.

점원　はい、そうです。　네, 그렇습니다.

나　これ、みっつ ください。

이거, 3개 주세요.

플러스 단어

お土産 기념품 ｜ **みっつ** 3개

오모시로이 니홍고

오키나와

일본의 최남단에 위치한 섬인 오키나와 지방은 겨울에도 평균 기온이 18도 이상인 열대 지역입니다. 동양의 하와이로도 불리는 곳으로, 원래는 일본과는 다른 나라였기 때문에 일본 전통 문화와는 다른 오키나와만의 독특한 문화가 남아있어요. 아시아 최대 규모를 뽐내는 주라우미 수족관에서 사진 찍는 것 또한 잊지 마세요!

PART 26에서 PART 30까지 배웠던 문형을 복습해 봅시다.

PART 26 簡単^{かんたん}だそうです

- な형용사 + 하다고 합니다 = な형용사 + **そうです**

- な형용사 + 하지 않다고 합니다 = な형용사 + **じゃないそうです**

- な형용사 + 했다고 합니다 = な형용사 + **だったそうです**

PART 27 先生^{せんせい}だそうです

- 명사 + 라고 합니다 = 명사 + **だそうです**

- 명사 + 이(가) 아니라고 합니다 = 명사 + **じゃないそうです**

- 명사 + 이었다고 합니다 = 명사 + **だったそうです**

PART 28 買^かうことにしました

- 동사 + 하기/동사 + 하지 않기 = 동사원형 + **こと**/동사**ない**형 + **こと**

- 동사 + 하기로 + 합니다/했습니다 = 동사원형 + **ことに** + **します/しました**

- 동사 + 하지 않기로 + 합니다/했습니다 = 동사**ない**형 + **ことに** + **します/しました**

PART 29 買^かうことになりました

- 동사 + 하게 + 됩니다/됐습니다 = 동사원형 + **ことに** + **なります/なりました**

- 동사 + 하지 않게 + 됩니다/됐습니다 = 동사**ない**형 + **ことに** + **なります/なりました**

PART 30 それでたくさん買^かいました

- 그러니까/그래서 = **だから/それで**

- 그러나/그렇더라도 = **しかし/でも**

- 그리고 나서/그리고 = **それから/そして**

- 아니면/또는 = **それとも/または**

앞에서 배웠던 문형에 추가 단어들을 적용해 연습해 봅시다.

읽는 법	한자	품사	뜻
びんぼうです	貧乏です	な형용사	가난합니다
かんぺきです	完璧です	な형용사	완벽합니다
がんこです	頑固です	な형용사	완고합니다
しょくどう	食堂	명사	식당
まんせき	満席	명사	만석
なべ	鍋	명사	전골요리
ごみばこ	ごみ箱	명사	쓰레기통
もえるごみ	燃えるごみ	명사	가연성 쓰레기
もえないごみ	燃えないごみ	명사	불연성 쓰레기
アルバイト		명사	아르바이트
はけんしゃいん	派遣社員	명사	파견사원
せいしゃいん	正社員	명사	정사원
めぐすり	目薬	명사	안약
ぬりぐすり	塗り薬	명사	연고
ばんそうこ	絆創膏	명사	반창고
ことわる	断る	동사	거절하다
どりょくする	努力する	동사	노력하다
てつだう	手伝う	동사	돕다
かう	飼う	동사	키우다
もどる	戻る	동사	돌아가다
ネクタイをしめる	ネクタイを 締める	동사	넥타이를 매다

읽는 법	한자	품사	뜻
あそぶ	遊ぶ	동사	놀다
にげる	逃げる	동사	도망치다
いじめる	苛める	동사	괴롭히다
しかる	叱る	동사	혼내다
けんかする	喧嘩する	동사	싸우다
かす	貸す	동사	빌려주다
かりる	借りる	동사	빌리다
かえす	返す	동사	돌려주다
あやまる	謝る	동사	사과하다
しゃざいする	謝罪する	동사	사죄하다
おわびする	お詫びする	동사	사죄하다
にゅうがく	入学	명사	입학
にゅうしゃ	入社	명사	입사
ゆにゅう	輸入	명사	수입
タバコ		명사	담배
すう	吸う	동사	피우다
やすむ	休む	동사	쉬다
ゆっくり		부사	천천히
ねむる	眠る	동사	잠들다
じょゆう	女優	명사	여배우
うんどうせんしゅ	運動選手	명사	운동선수

읽는 법	한자	품사	뜻
こわす	壊す	동사	파괴하다, 망가뜨리다
ミスする		동사	실수하다
とりひきさき	取引先	명사	거래처
ヒール		명사	힐
むりです	無理です	な형용사	무리입니다
うんどうぐつ	運動靴	명사	운동화
りょうり	料理	명사	요리
みため	見た目	명사	겉모습
あじ	味	명사	맛
うすいです	薄いです	い형용사	싱겁습니다
あたたかいです	温かいです	い형용사	따뜻합니다
おちゃ	お茶	명사	차
きょねん	去年	명사	작년
てんしょく	転職	명사	이직
みつける	見つける	동사	찾아내다, 발견하다
かぞく	家族	명사	가족
まずいです		い형용사	맛없습니다
おなかがいっぱいです	お腹がいっぱいです	な형용사	배부릅니다
いそがしいです	忙しいです	い형용사	바쁩니다
クレジットカード		명사	신용카드
げんきん	現金	명사	현금

부록

조수사
인(人)·개(個)·세(歲)
회(回)·권(冊)·층(階)
번(度)·대(台)·장(枚)
개(本)·잔(杯)·마리(匹)

인(人)· 개(個) ·세(歳)

* '인(人)'은 사람의 수를, '개(個)'는 물건을 세는 단위입니다. '세(歳)'는 나이를 세는 단위입니다.

	인(人) にん	개(個) こ	세(歳) さい
1	ひとり (1人)	いっこ (1個)	いっさい (1歳)
2	ふたり (2人)	にこ (2個)	にさい (2歳)
3	さんにん (3人)	さんこ (3個)	さんさい (3歳)
4	よにん (4人)	よんこ (4個)	よんさい (4歳)
5	ごにん (5人)	ごこ (5個)	ごさい (5歳)
6	ろくにん (6人)	ろっこ (6個)	ろくさい (6歳)
7	しちにん (7人)	ななこ (7個)	ななさい (7歳)
8	はちにん (8人)	はっこ (8個)	はっさい (8歳)
9	きゅうにん (9人)	きゅうこ (9個)	きゅうさい (9歳)
10	じゅうにん (10人)	じゅっこ (10個)	じゅっさい (10歳)

회(回)·권(冊)·층(階)

* '회(回)'는 횟수를, '권(冊)'은 책, 노트 등을 세는 단위입니다. '층(階)'는 계단, 층을 세는 단위입니다.

	회(回) かい	권(冊) さつ	층(階) かい
1	いっかい (1回)	いっさつ (1冊)	いっかい (1階)
2	にかい (2回)	にさつ (2冊)	にかい (2階)
3	さんかい (3回)	さんさつ (3冊)	さんがい・さんかい (3階)
4	よんかい (4回)	よんさつ (4冊)	よんかい (4階)
5	ごかい (5回)	ごさつ (5冊)	ごかい (5階)
6	ろっかい (6回)	ろくさつ (6冊)	ろっかい (6階)
7	ななかい (7回)	ななさつ (7冊)	ななかい (7階)
8	はっかい (8回)	はっさつ (8冊)	はっかい (8階)
9	きゅうかい (9回)	きゅうさつ (9冊)	きゅうかい (9階)
10	じゅっかい (10回)	じゅっさつ (10冊)	じゅっかい (10階)

번(度)·대(台)·장(枚)

* '번(度)'은 횟수를, '대(台)'는 자동차, 기계 등을 세는 단위입니다. '장(枚)'은 종이 등 얇고 평평한 것을 세는 단위입니다.

	번(度)	대(台)	장(枚)
1	いちど (1度)	いちだい (1台)	いちまい (1枚)
2	にど (2度)	にだい (2台)	にまい (2枚)
3	さんど (3度)	さんだい (3台)	さんまい (3枚)
4	よんど (4度)	よんだい (4台)	よんまい (4枚)
5	ごど (5度)	ごだい (5台)	ごまい (5枚)
6	ろくど (6度)	ろくだい (6台)	ろくまい (6枚)
7	ななど (7度)	ななだい (7台)	ななまい (7枚)
8	はちど (8度)	はちだい (8台)	はちまい (8枚)
9	きゅうど (9度)	きゅうだい (9台)	きゅうまい (9枚)
10	じゅうど (10度)	じゅうだい (10台)	じゅうまい (10枚)

개(本)·잔(杯)·마리(匹)

* '개(本)'는 가늘고 긴 물건을, '잔(杯)'은 잔, 그릇을 세는 단위입니다. '마리(匹)'는 동물, 생선 등을 세는 단위입니다.

	개(本) (ほん)	잔(杯) (はい)	마리(匹) (ひき)
1	いっぽん (1本)	いっぱい (1杯)	いっぴき (1匹)
2	にほん (2本)	にはい (2杯)	にひき (2匹)
3	さんぼん (3本)	さんばい (3杯)	さんびき (3匹)
4	よんほん (4本)	よんはい (4杯)	よんひき (4匹)
5	ごほん (5本)	ごはい (5杯)	ごひき (5匹)
6	ろっぽん (6本)	ろっぱい (6杯)	ろっぴき (6匹)
7	ななほん (7本)	ななはい (7杯)	ななひき (7匹)
8	はっぽん (8本)	はっぱい (8杯)	はっぴき (8匹)
9	きゅうほん (9本)	きゅうはい (9杯)	きゅうひき (9匹)
10	じゅっぽん (10本)	じゅっぱい (10杯)	じゅっぴき (10匹)

MEMO

S 시원스쿨닷컴